传统媒体与新媒体的比较研究
——以突发公共事件为例

◎刘冬梅 著

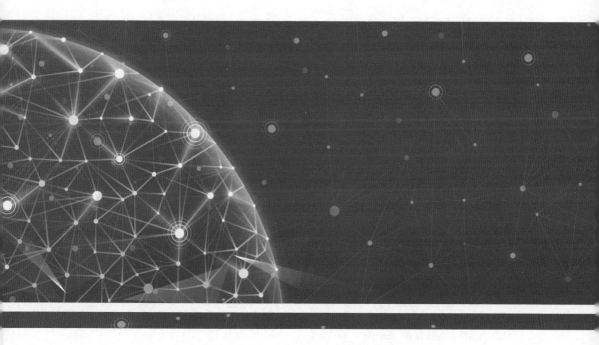

哈尔滨出版社
HARBIN PUBLISHING HOUSE

图书在版编目（CIP）数据

传统媒体与新媒体的比较研究：以突发公共事件为
例 / 刘冬梅著. -- 哈尔滨：哈尔滨出版社，2024. 8.
ISBN 978-7-5484-8107-2

Ⅰ. G206.2

中国国家版本馆CIP数据核字第2024GD4798号

书　　名：传统媒体与新媒体的比较研究：以突发公共事件为例

CHUANTONG MEITI YU XINMEITI DE BIJIAO YANJIU：YI TUFA GONGGONG SHIJIAN WEI LI

作　　者：刘冬梅　著

责任编辑：杨湿新

封面设计：陈　旭

出版发行：哈尔滨出版社（Harbin Publishing House）

社　　址：哈尔滨市香坊区泰山路82-9号　　　邮编：150090

经　　销：全国新华书店

印　　刷：玖龙（天津）印刷有限公司

网　　址：www.hrbcbs.com

E - m a i l：hrbcbs@yeah.net

编辑版权热线：（0451）87900271　87900272

开　　本：787mm×1092mm　　1/16　　印张：11.5　　字数：125千字

版　　次：2024年8月第1版

印　　次：2024年8月第1次印刷

书　　号：ISBN 978-7-5484-8107-2

定　　价：68.00元

凡购本社图书发现印装错误，请与本社印制部联系调换。

服务热线：（0451）87900279

前 言

大数据时代，互联网技术和数字技术裂变发展，引发媒体格局的巨大变化。

"以数字技术为基础，以网络为载体"的新媒体迅速发展，削减了传统媒体的传播力和影响力，体现出强大的生命力，但是也存在着信息真实性难以保证、容易形成信息茧房等弊端；传统媒体虽然更新速度慢、互动性较差，但是有着新媒体无可比拟的权威性和公信力，内容优势和品牌优势依然存在。

因此，以改革创新整合新闻媒体资源，推动传统媒体和新媒体的融合发展，是适应媒体格局深刻变化、提升主流媒体传播力、公信力、影响力和舆论引导能力的重要举措。比如：人民日报等新闻单位积极推动媒体融合发展，在变革中寻求创新突破，积极开拓媒体发展领域，在实践与探索中不断凝聚此长彼长、一体化发展的共识，用坚实的步伐迎来媒体融合发展的春天。

本书属于学术专著类图书，在总结以往教学和科研工作的基础上，详细分析传统媒体和新媒体的概念以及特点，对比两者的优劣势，同时以突发公共事件为例，阐述传统媒体与新媒体的传播差异并提出改进新闻报道的有效措施，最后分析传统媒体与新媒体融合的重要意义并进行实证分析，为巩固传统媒体报道优势，以改革创新之力破解媒体融合梗阻，更好地发挥传统媒体与新媒体的协同优势，形成宣传报道合力，从而更好地进行舆论引导、塑造良好国家形象，为传播中国好声音提供理论和实践支撑。

由于作者水平有限，时间仓促，许多观点不一定成熟，不妥之处亦难以避免，敬请读者批评指正。

刘冬梅

河北燕郊

目　录

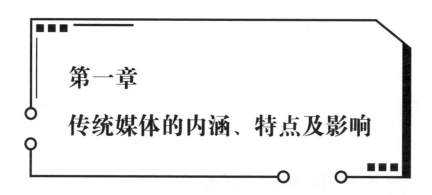

第一章

传统媒体的内涵、特点及影响

　　传统媒体，广泛被称为"老媒体"，指的是那些在数字和互联网革命之前已经存在并服务于公众的传播渠道。

　　"传统"是一个相对的概念，不同的年代，"传统媒体"的答案必然有所不同。广播诞生时，报纸成了传统媒体；电视出现后，广播和报纸就被看作是传统媒体。因此，传统媒体的概念也随着社会的进步、媒体的进化而不断发展变化。传统媒体的核心特征在于它们的传播方式，通常是一对多，即一个中心化的信息源向广泛的受众群体传递信息。这种传播模式在过去几个世纪里一直是人类获取信息、娱乐和教育的主要手段。

1.1 传统媒体的定义

　　传统媒体主要依赖于物理媒介来传递内容，如纸张、广播频率和电视信号。这些媒体形式具有固定的发布周期和格式，比如日报、周刊、电视新闻时段等，它们成为了社会日常生活的一部分，影响着公众的观点、文化态度和消费习惯。一句话概括，传统媒体就是"专业化的媒介组织运用先进的传播技术和产业化手段，以社会上一般大众为对象而进行的大规模的生产和传播活动"，大众传播就是当下的传统媒体，报纸、杂志、广播、电视等传播媒介都是现如今的传统媒体。

1.2 传统媒体的历史和演变

传统媒体的历史可以追溯到印刷术的发明，这一发明极大地促进了信息的传播和知识的普及。随着技术的进步，广播和电视相继出现，成为 20 世纪最具影响力的媒体形式。这些媒体不仅改变了信息传播的速度和规模，也深刻地影响了公众生活和社会文化的发展。

在印刷术发明之前，信息的传播主要依靠口口相传或手抄本，这限制了信息传播的速度和范围。印刷术的发明极大地改变了这一局面，使得信息能够被大规模复制和传播，标志着传统媒体在社会传播系统中的初步形成。印刷产品如报纸、杂志成为了知识传播和文化交流的重要工具，对教育、科学、政治等领域产生了深远影响。随着工业革命和技术进步，19 世纪末至 20 世纪，广播和电视的发明开启了传统媒体的黄金时期。这一时期，传统媒体成为社会信息传播的主导力量，不仅拥有广泛的受众基础，也积累了巨大的社会信任和权威。电视和广播成为家庭的标配，报纸和杂志影响力巨大，它们在塑造公众意识、传递文化价值和引导社会舆论方面发挥了不可替代的作用。

1.3 传统媒体的特点和影响

1.3.1 传统媒体的特点

传统媒体，长久以来，一直是社会信息传播和公众交流的核心渠道。从报纸、杂志到广播和电视，这些媒介以其独特的形式和内容，塑造了人类的信息消费习惯和社会文化格局。尽管面临数字时代的冲击，传统媒体仍展示出一系列不可替代的特点。

一是传统媒体的权威性和可靠性长期以来一直受到公众的认可。多年的品牌建设和专业主义实践使得许多传统媒体机构成为信息源的权威。报纸和电视新闻频道，如《人民日报》、中央广播电视总台等，因其深入的调查报道和全面的新闻覆盖，成为公众获取可靠信息的重要渠道。

二是传统媒体的编辑流程和内容质量管控是其另一大特点。与网络和社交媒体相比，传统媒体拥有更为严格的编辑和审查机制，从而确保信息的准确性和深度。这种专业的内容生产流程，能够提供深度报道和全面分析，为公众提供高质量的新闻和信息。

三是传统媒体的传播方式和受众体验也是其独特之处。电视和广播能够提供即时、直观和动态的视听体验，使信息传递更为生动、影响力更大。报纸和杂志以其便于保存、携带和阅读的特性，为读者提供了一种更为深入，甚至是沉浸式的阅读体验。

传统媒体的特点可以归纳为以下几个方面：

（1）一对多的传播模式。传统媒体的信息传播通常是单向的，从一个中心点向广泛的受众群体发送信息。

一对多的传播模式是信息传递和社会沟通的基石，它通过报纸、广播、电视等渠道,将信息从单一源头有效地传播给广泛的受众群体。这种传播模式以其高效的信息发布和广泛的覆盖范围,在历史上扮演了重要角色。传统媒体机构借助其集中化的编辑和生产过程,确保了传递给公众的信息的权威性和可靠性。通过这种方式,人们可以接触经过验证的新闻报道,从而在各种重要事务上做出知情的判断和决策。

一对多传播模式的主要特征包括集中化的信息生产、广泛的覆盖范围和单向的信息流动。这种模式允许快速、统一地向大量受众传递信息,是在紧急情况下发布通知、指导和警报的理想方式。同时,它也强化了社会共识,促进了文化价值和规范的传播。

(2)固定的发布周期和格式。传统媒体有其特定的发布时间和格式,这要求受众在特定的时间通过特定的方式接收信息。

传统媒体的固定发布周期和格式,不仅体现在内容的生产和发布过程中,还对受众的期望和消费习惯产生了深远影响。报纸、杂志通常按照日刊、周刊或月刊的周期出版,而电视和广播节目则根据固定的时间表播出,这种规律性为受众提供了一种可预测的信息消费模式。

这些媒体的格式也同样固定,报纸有其版面布局,杂志有其栏目设置,电视和广播节目有特定的时长和节目结构。这种格式化的内容制作不仅使得信息的包装更加专业,也让受众能够根据自己的偏好和时间安排来选择信息。例如,早晨的新闻节目、晚间的谈话节目、以及周末的特别栏目等,都是基于对受众生活习惯的理解和适应。固定的发布周期和格式使得传统媒体能够在一定程度上控制信息的流通速度和受众的期待,但这也意味着在快速变化的新闻事件面前，它们可能无法及时更新信息。

（3）信息内容的准确性和高质量。内容的生产和发布通常需要一系列专业的编辑和审查过程，以确保信息的准确性和质量。

传统媒体的编辑门槛和专业性，保证了信息内容的质量和可信度。在报纸、广播和电视等传统媒体平台，从新闻采集、编辑到发布，每一个环节都要求高度的专业知识和技能。编辑人员不仅需要具备出色的语言表达和新闻撰写能力，还需对新闻的真实性、时效性和公正性有深刻的理解和把握。此外，编辑团队还需要掌握相关法律法规，确保发布的内容不违反社会道德和法律标准。

专业性体现在对新闻价值的判断和新闻内容的处理上。传统媒体的编辑通过对大量信息的筛选、核实和加工，确保最终对外发布的新闻既具有新闻价值，又符合社会伦理。这一过程往往涉及复杂的决策，如何平衡公众的知情权和个人隐私权，如何在速度与准确性之间找到最佳点，都是编辑们需要考量的问题。

传统媒体的编辑门槛也较高，一方面体现在入行门槛上，编辑人员通常需要具备相关的学历背景和专业训练。另一方面，随着职业生涯的发展，编辑需要不断更新自己的知识结构和技能，以适应不断变化的媒体环境和社会需求。这种持续的学习和适应过程，使得传统媒体能够在长期的发展中保持其专业性和权威性。

（4）根植于特定的地理和文化环境。许多传统媒体具有强烈的地域性，它们在服务特定地域的同时，也反映和塑造该地区的文化特征，这些特征不仅影响着内容的生产和消费方式，还在一定程度上定义了媒体的社会角色和功能。

　　传统媒体，如地方报纸、电视台和广播电台，往往深深植根于特定的地理和文化环境中，它们为当地受众提供新闻报道、信息服务以及娱乐内容，反映和强化了当地的文化特色和社会价值观。

　　地域性体现在对本地新闻和事件的关注上，这使得传统媒体成为传递地方新闻和信息的重要渠道。这种地域性不仅加强了当地受众之间的联系，也帮助维护和传承地方文化。通过报道当地的节庆活动、社会动态和重要事件，传统媒体促进了当地受众的凝聚力和身份认同。

　　传统媒体的文化特征也体现在其内容的选择和呈现上。每个社会和文化都有其独特的价值观和交流习惯，这些都在媒体内容的生产过程中得到体现。例如，一个地区可能更重视教育和文化活动的报道，而另一个地区则可能更关注经济发展和技术创新。此外，语言和表达方式也反映了深层的文化特征，传统媒体通过使用本地语言和符合当地交流惯例的表达方式，进一步加深了与受众的联系，这也是新闻报道中贴近性的重要体现。

　　传统媒体凭借其权威性、报道内容的高质量、独特的传播方式和丰富的受众体验，仍然在当今多元化的媒介生态中占有一席之地，而且通过不断的创新和适应，传统媒体展现出新的活力和发展潜力。

1.3.2 传统媒体的影响

　　传统媒体在塑造公众意见、文化传播和社会动态中扮演了关键角色。它们不仅是新闻和信息的主要来源，也是娱乐和文化内容的重要渠道。通过报道和分析时事，传统媒体参与到公共议程的设置中，影响着公众对于社会重要事件的看法和理解。此外，作为文化的传播者，传统媒体在维持和传承文化传统、促进文化多样性方面也发挥着不可替代的作用。

一是传统媒体在塑造公众舆论和社会认知中扮演着关键角色。通过报道和解读新闻事件，它们不仅提供了信息，还在很大程度上影响了公众对这些事件的理解和态度。电视和报纸的新闻报道，因其较高的可信度和权威性，往往能够在公众中形成强有力的舆论导向。

二是传统媒体是社会价值和文化传播的重要载体。电视、广播和报纸等媒体不仅传播娱乐内容，更是文化教育和价值观念的传递者。通过各种纪录片、专题报道、文艺作品等形式，传统媒体为公众提供了认识历史、理解文化、传承传统和促进文化多样性的平台。

三是传统媒体在教育和知识普及方面也发挥着不可替代的作用。电视节目和报纸专栏经常用来普及科学知识、健康信息和法律常识，对提高公众的知识水平和生活质量起到了积极作用。在紧急情况下，如自然灾害、公共卫生事件等，传统媒体能够迅速传达重要信息和知识，引导公众采取正确的应对措施，减少损失和伤害。这种时刻体现的教育功能是互联网和新媒体难以替代的。

传统媒体对经济的影响也不容忽视。广告作为传统媒体的重要收入来源，不仅支持了媒体机构的运营，也推动了商品和服务的销售。广播电视等产业本身也是经济的重要组成部分，为社会创造了大量的就业机会。

1.4 传统媒体的挑战与适应

1.4.1 数字化挑战

进入 21 世纪，互联网的普及和数字技术的发展对传统媒体构成了前所未有的挑战。信息的传播方式从一对多转变为多对多，消费者从被动接收信息变为能够主动选择信息源。社交媒体、博客、在线视频等新媒体的兴起，使得信息的生产和传播更加去中心化，传统媒体的社会地位受到冲击。

1.4.2 适应与融合

面对挑战，传统媒体并未被动等待淘汰，而是积极寻求转型和适应的路径。许多传统媒体机构开始加强自身的数字化建设，通过建立在线平台，发展数字订阅服务，以及在社交媒体上增强互动和参与度，以拓宽受众群体和增强影响力。此外，传统媒体也通过内容和技术创新，如增强现实（AR）、虚拟现实（VR）报道等新形式，来吸引年轻受众，提升其在数字时代的竞争力。

1.5 传统媒体社会地位的多元化视角

1.5.1 传统媒体的持续价值

尽管面临挑战，传统媒体在某些方面仍然保持其不可替代的社会价值。在新闻报道的深度、准确性和专业性方面，传统媒体凭借其长期积累的专业知识和严格的编辑审核流程，仍然被视为更为可靠的信息来源。此外，传统媒体在塑造国家认同、维护文化遗产和促进社会凝聚力方面的作用，也是新媒体难以完全替代的。

1.5.2 变迁中的社会角色

传统媒体的社会角色也在不断变迁中。从信息的单向传播者转变为与受众互动和参与的平台，传统媒体在新的社会文化环境中寻找新的定位和价值。通过与新媒体的融合与合作，传统媒体不仅扩大了自身的影响力，也为公众提供了更加丰富多样的信息和视角。

传统媒体的社会地位及其变迁是一个复杂而动态的过程，涉及技术进步、社会变迁和文化发展的多个方面。在面对数字化挑战的当下，传统媒体正通过不断的适应和创新，探索其在新时代中的角色和价值，既保留了其独特的社会功能，也为未来的发展打开了新的可能性。

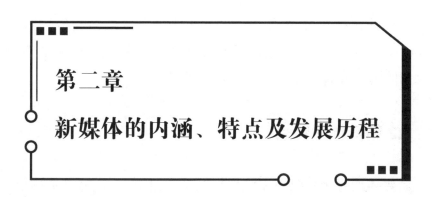

第二章
新媒体的内涵、特点及发展历程

　　"新媒体"与"传统媒体"是相对应的。新媒体指的是随着数字技术的发展而兴起的一系列媒体形式，广义上的新媒体是指数字化的传播媒体，基于某种新兴的、特定的内容形态的社会化媒体，包括社交媒体平台、微信、微博、博客、抖音、今日头条、各大视频平台等。这些媒体形式通过计算机网络技术实现信息的创建、传播、交换和管理，极大地改变了人们的沟通方式、信息获取和消费习惯。

2.1 新媒体的定义

　　新媒体是指基于数字技术，通过网络平台进行信息发布、交流和分享的一种媒介形式，是随着数字技术的发展而兴起的，它不同于传统媒体如报纸、杂志、电视和广播，新媒体通过计算机网络技术实现信息的创建、传播、交换和管理。随着互联网、移动通信技术和数字化设备的发展，新媒体涵盖了社交媒体平台、微信、微博、视频分享平台、即时通信工具以及各类应用程序（App），形成了一个全新的信息交流和娱乐生态，极大地改变了人们的沟通方式、信息获取和消费习惯。

2.2 新媒体的特点

新媒体拥有传统媒体无法比拟旳特点，比如：互动性、即时性、个性化、去中心化、多样化。

2.2.1 互动性

新媒体的一大显著特点是其强大的互动性。传统媒体具有浓厚的导向意识，把关严格。而新媒体则不同，只要有连接互联网的终端，就能实现信息点对点、点对面、面对面的公开传播，而且是无时差的即时交互传播。正如新浪微博的广告词所说的那样：随时随地分享新鲜事。用户不再是被动接受信息的对象，而可以通过评论、分享、点赞等形式，直接参与内容的讨论和传播。这种双向互动模式加深了用户的参与感和归属感，也让信息的传播更加广泛和迅速。

互动性赋予了用户更大的权力和空间来表达自己的观点和感受，从而形成了一种更为平等和民主的信息交流环境。如果说传统媒体彰显着精英范儿，那么新媒体则凸显着浓浓的草根气质。任何享有合法权利的公众，在条件允许的情况下，都可以在新媒体上发声，准入门槛大大降低。新媒体时代，无论年龄、身份、地位，只要愿意公开表达，基本可以实现"我的地盘我做主"，不论"阳春白雪"还是"下里巴人"，都能找到自己的舞台。例如，通过社交媒体平台，用户可以直接与内容创作者或媒体机构进行交流，甚至可以影响内容的创作方向和议题的设置。同时，用户之间的互动也极大地丰富了信息的解读和传播路径，不同的观点和理解在互动中产生碰撞和融合，增加了信息传播的深度和广度。

更重要的是，这种双向互动模式极大地加深了用户的参与感和归属感。在新媒体平台上，每个人都有机会成为信息的传播者和内容的创作者，这种参与过程使得用户感到自己是媒体生态的一部分，增强了集体归属感。此外，互动性还加速了信息的传播速度，使得新闻和事件能够在极短的时间内达到广泛传播，这对于社会动态的快速响应和公共意识的形成具有重要意义。

2.2.2 即时性

即时性是新媒体的另一个显著特点，这种特性使信息传播的速度达到了前所未有的快速。在传统媒体时代，新闻的采集、编辑、发布都需要一定的时间，而且发布的频率也受到物理限制，如报纸的日刊、电视新闻的时段安排等。然而，在新媒体的环境中，这些限制被大大打破，丰富了信息传播的途径和内容，加快了信息传播速度，眨眼间就能将信息传播到全世界，而且改变了传统媒体对于信息一次性发布的限制，提高了信息的使用率，实现了资源的反复利用，信息传播的速度和频率得以极大地提升。

新媒体的即时性使得用户可以实时接收到全球各地的新闻和信息。无论是国际大事件，还是地区小事，只要与互联网相连，用户都可以在第一时间获取到最新的信息。这种即时获取信息的能力，不仅让人们能够更快地了解世界，也使得我们对于环境的反应和适应速度得以提升。

对于内容创作者和媒体机构来说，新媒体的即时性也提供了新的机会和挑战。他们可以在第一时间向公众发布消息，无论是新闻报道，还是产品推广，都能够迅速地达到目标受众。这种快速的信息发布和反馈机制，使得媒体机构能够更好地满足公众的信息需求，同时也为他们提供了更多的创新空间。

新媒体的即时性对于紧急情况的快速响应尤为重要。在灾难、危机等紧急情况下，新媒体可以迅速传播关键信息，帮助公众及时做出反应，这对于减少损失，保护公众安全具有重要作用。例如，地震发生后，通过新媒体发布的紧急警报和安全建议，可以帮助公众迅速了解情况，采取适当的安全措施。

但是，新媒体的即时性也带来了信息质量的问题。在追求速度的过程中，信息的准确性和完整性可能会受到影响。此外，新媒体的即时性也可能导致信息过载，使得公众难以筛选和处理大量的信息。因此，如何在保证信息传播的即时性的同时，也保证信息的质量和可管理性，是新媒体面临的重要挑战。

2.2.3 个性化

个性化内容推荐是新媒体平台的一大亮点，它通过深入的数据分析和对用户行为的细致跟踪，能够洞察用户的兴趣偏好，从而提供符合其个人喜好的内容。在新媒体环境下，受众对接收何种信息有着一定的主动权，这是由网络世界的海量信息和其点对点的传播模式决定的，可以使传播者根据不同的受众需求提供个性化内容，进行分众传播。就像今日头条的广告词所说"我们不生产新闻，我们是新闻的搬运工"，根据受众需要以及大数据逻辑分析，将信息更精准的"投递"给公众。这种个性化服务，不仅极大地提升了用户体验，使用户在浩瀚的信息海洋中能够更快地找到自己感兴趣的内容，而且极大地提高了信息消费的精准度和效率，让内容的推送更加贴合用户的实际需求。

个性化的背后，是新媒体平台对大数据技术和算法的运用。通过收集用户的浏览历史、搜索记录、点击行为等数据，平台可以分析出用户的兴趣点、阅读偏好等特征，并据此推送相关内容。这不仅限于新闻资讯，也包括广告推广、商品推荐等方面，实现了高度的个性化和精准化。此外，个性化推荐还能够不断优化和迭代。随着用户对推送内容的反馈，如点击、分享、点赞或者忽略，新媒体平台的算法能够学习这些反馈，进一步调整和优化推荐策略，以期达到更高的满意度。这种动态调整的过程，使得个性化服务能够更加精细化和个性化，更好地服务于用户的需求。

但是，个性化推荐也引发了关于隐私保护和信息泡沫的讨论。由于个性化服务需要收集和分析大量的用户数据，这对用户隐私的保护提出了更高的要求。同时，过度的个性化可能导致用户陷入"信息泡沫"，难以接触到多样化的观点和信息，从而影响到信息的全面性和客观性。因此，新媒体平台在提供个性化服务的同时，也需要平衡这些挑战，确保服务的质量和用户的权益。

2.2.4 去中心化

去中心化是新媒体的重要特性之一，它打破了传统媒体在信息发布上的地理和时间限制。在新媒体的环境下，无论身处何处，无论何时，只要接入互联网，任何人都有可能成为信息的生产者和传播者。这种去中心化的特性极大地推动了信息的自由流通，让更多的声音得以被听见，更多的视角得以被展现，极大地丰富了社会的信息资源。

去中心化的特性使得新媒体具有了更高的参与度和互动性。用户不再仅仅是被动接收信息的对象，而是可以主动参与到信息的生产和传播中来，通过评论、分享、点赞等方式，实现与信息的互动，甚至影响信息的传播路径和效果。这种参与性和互动性，大大增强了用户的参与感和归属感，使得新媒体更具吸引力。

但是，去中心化的特性也带来了一系列的问题，尤其是对信息真实性和质量的挑战。由于信息的生产和传播不再受到专业媒体机构的严格审查，任何人都可以发布信息，这使得虚假信息、误导性信息、低质量信息等问题频发。这不仅对用户的信息消费造成影响，也对社会的信息环境带来了挑战。去中心化还可能导致信息的碎片化问题。由于新媒体的信息发布非常容易，导致大量的信息涌现，而用户的注意力有限，这可能导致用户只接触到零散、碎片的信息，难以获得全面、深入的理解。因此，如何在去中心化的环境下，保证信息的真实性和质量，避免信息的碎片化，是新媒体面临的重要问题。

2.2.5 多样性

新媒体的多样性是其鲜明的特点之一，它提供了丰富多样的表现形式，包括文字、图片、音频、视频、动画、直播等，这种多种媒介的融合和交互，为信息传播提供了更丰富、更生动、更直观的方式，满足了用户多元化的信息需求和审美偏好。

在新媒体的环境下，信息的传播不再仅仅依赖于单一的文字描述，而是可以通过各种多媒体的形式，如图片、音频、视频等，来更直观、更生动地展示信息。比如，新闻报道可以通过视频来展示事件现场，也可以通过动画来解释复杂难懂的科学原理，这种丰富的表现形式，使得信息的传播更加生动、直观，也使得用户的信息体验更加丰富、多元。

新媒体的多样性也为内容创作提供了更广阔的空间。创作者不再受限于特定的媒介形式，可以根据内容的特性和用户的需求，选择最合适的表现形式。比如，可以通过文字来讲述故事，通过图片来展示美景，通过音频来分享音乐，通过视频来记录生活。这种多样性，使得创作者可以更好地发挥创造力，创作出更有吸引力的内容。

但是，新媒体的多样性也存在一些弊端。一方面，如何在众多的信息形式中，选择最合适的方式来传播信息，需要创作者具有更高的媒介素养和创新能力。另一方面，如何在丰富的信息中，保证信息的质量和真实性，也是新媒体需要面对的问题。因此，在享受新媒体多样性带来的便利和乐趣的同时，新闻工作者和广大受众都需要关注这些挑战，为提升媒介素养多努力的同时，做到理性、批判性的接受和使用信息。

2.3 新媒体的发展历程

2.3.1 早期互联网的发展：连接世界的新篇章

互联网，这个改变了世界的技术，其发展历程充满了创新与挑战。早期的互联网，从一个军事和科研项目，逐渐发展成为我们日常生活中不可或缺的一部分，这个过程中充满了无数的故事和历史的转折点。

互联网的起源可以追溯到 20 世纪 60 年代的美国防部高级研究计划局（ARPA）的一个项目，名为 ARPANET。这个项目的初衷是为了解决在冷战期间，如何在核攻击后保持通信线路的问题。1969 年，第一条 ARPANET 的连接线在加利福尼亚大学洛杉矶分校和斯坦福研究所之间建立，标志着互联网的诞生。

在接下来的几年里，ARPANET 迅速扩展，连接了美国的许多大学和研究机构。1972 年，电子邮件的出现，为互联网的使用带来了革命性的变化，使得远程通信变得更加方便快捷。接着，TCP/IP 协议的出现，为互联网的发展奠定了基础，使得不同的网络可以互相连接，形成了一个全球的网络。早期的互联网并不是我们今天看到的样子。那时的互联网主要用于科研和军事用途，而且使用起来非常复杂，需要专门的知识和技能。直到 90 年代初，一个名为万维网（World Wide Web）的项目改变了这一切。这个由蒂姆·伯纳斯·李在欧洲核子研究中心（CERN）发起的项目，提出了一种简单易用的互联网浏览方式，使得普通人也可以方便地使用互联网。

万维网的出现，为互联网的商业化和普及铺平了道路。随着浏览器和搜索引擎的大量出现，互联网开始进入普通家庭，成为人们获取信息、交流思想、进行商业活动的重要平台。

早期的互联网发展，是技术创新和社会需求相结合的结果。从 ARPANET 到万维网，每一步的进步都是为了解决一个具体的问题，满足一个新的需求。这种创新和需求驱动的发展模式，一直延续到今天，推动着互联网不断进步，不断改变我们的生活。

2.3.2 社交媒体的兴起：互联网时代的人际交往革命

如果说互联网的出现是信息传播的一次革命，那么社交媒体的兴起无疑是互联网时代人际交往的一次重大变革。社交媒体指互联网上基于用户关系的内容生产与交换平台。它不仅改变了人们获取信息、表达观点的方式，也深刻地影响了我们的社交方式和社会结构。

社交媒体是人们彼此之间用来分享意见、见解、经验和观点的工具和平台，现阶段主要包括社交网站、微博、微信、博客、论坛、播客等等。社交媒体在互联网的沃土上蓬勃发展，爆发出令人眩目的能量，其传播的信息已成为人们浏览互联网的重要内容，不仅制造了人们社交生活中争相讨论的一个又一个热门话题，更进而吸引传统媒体争相跟进。

社交媒体的兴起，首先改变了信息传播的方式。在社交媒体上，每个用户都可以成为信息的生产者和传播者，这被称为"用户生成内容"。这种方式打破了传统媒体的信息传播模式，使得信息的传播更加民主化，也使得信息的产生和传播更加多元和丰富。其次，社交媒体改变了人们的社交方式。在社交媒体上，人们可以随时随地与他人交流，分享生活，表达观点。这种方式使得人们的社交圈子得以扩大，也使得人际交往更加方便快捷。

社交媒体的兴起带来的问题也不容小觑。例如，信息过载问题使得人们难以从大量的信息中筛选出有价值的内容；网络暴力、假新闻等问题也对社会产生了负面影响。这些问题需要我们在享受社交媒体带来的便利的同时，避免其带来的影响和挑战。

2.3.3 移动互联网的普及：连接世界，改变生活

在过去的十年中，移动互联网的普及速度令人惊叹，它已经深深地改变了我们的生活方式，无论是工作、学习，还是娱乐、社交，都离不开移动互联网的支持。移动互联网是移动和互联网融合的产物，继承了移动随时、随地、随身和互联网开放、分享、互动的优势，是一个全国性的、以宽带 IP 为技术核心的，可同时提供话音、传真、数据、图像、多媒体等高品质电信服务的新一代开放的电信基础网络，由运营商提供无线接入，互联网企业提供各种成熟的应用。

移动互联网的普及始于智能手机的出现，智能手机已经从一种奢侈品变成了生活必需品。智能手机的便携性和多功能性使得互联网不再局限于电脑，人们可以随时随地上网，获取信息，与他人交流。这种便利性大大推动了移动互联网的普及。随着移动互联网的普及，一系列的移动应用也应运而生。这些应用覆盖了生活的各个方面，包括社交、购物、支付、出行、教育、健康等等。这些应用不仅带来了极大的便利，也极大地丰富了人们的生活。移动互联网的普及也为经济的发展带来了巨大的机会。移动支付、电子商务、在线教育、共享经济等新兴行业得以快速发展，创造了大量的就业机会，推动了经济的增长。

通过一组数据可以看出：10.67 亿人，居世界第一，这是截至 2022 年 12 月我国网民规模；13.79 万亿元，居世界第一，这是 2022 年我国网上零售金额；6.19 万门，居世界第一，这是截至 2022 年 11 月我国"慕课"数量……这些数据，映照出一个我国在互联网和信息化浪潮中的勇毅前行。2024 年 3 月 22 日，中

国互联网络信息中心（CNNIC）在京发布的第 53 次《中国互联网络发展状况统计报告》显示，截至 2023 年 12 月，中国网民规模达 10.92 亿人，互联网普及率达 77.5%。物联网发展提质增速，累计建成 5G 基站 337.7 万个，覆盖所有地级市城区、县城城区；发展蜂窝物联网终端用户 23.32 亿户，较 2022 年 12 月净增 4.88 亿户，占移动网终端连接数的比例达 57.5%；移动通信网络高质量发展，由 5G 和千兆光网组成的"双千兆"网络，全面带动智能制造、智慧城市、乡村振兴、文化旅游等各个领域创新发展，为制造强国、网络强国、数字中国建设提供了坚实基础和有力支撑。

2.3.4 流媒体技术和短视频平台的影响力增长：改变娱乐和信息消费模式

流媒体和短视频平台在过去的几年中发展迅速，不仅改变了人们的娱乐方式，也正在改变我们获取和消费信息的方式。它们的影响力增长已经对社会产生了深远影响。

流媒体指的是多媒体数据不断由流媒体提供商发送到客户端，而客户不需要将整个多媒体数据下载到本地，就可以开始播放的多媒体。流媒体是指将一连串的媒体数据压缩后，经过网上分段发送数据，在网上即时传输影音以供观赏的一种技术与过程，此技术使得数据包得以像流水一样发送；如果不使用此技术，就必须在使用前下载整个媒体文件。流式传输可传送现场影音或预存于服务器上的影片，当观看者在收看这些影音文件时，影音数据在送达观看者的计算机后立即由特定播放软件播放。

（1）流媒体技术不是一种单一的技术，它是网络技术及视／

音频技术的有机结合，改变了人们的娱乐方式。在过去，电视和电影是人们获取视听娱乐的主要方式。然而，随着短视频平台的出现，人们可以随时随地观看自己喜欢的节目和视频，而不需要按照电视台的时间表或是电影院的排片表来安排自己的时间。这种便利性使得短视频平台迅速获得了大量的用户。

《中国网络视听发展研究报告》显示，2022 年我国短视频市场规模达到 2928.3 亿元，逼近 3000 亿元大关，同比增长 14%。用户规模突破 10 亿人大关，达到 10.12 亿人，同比增长 8.35%，这远高于我国网民规模 2.6% 的增速。

（2）短视频平台也改变了人们获取和消费信息的方式。传统的新闻媒体，如报纸和电视新闻，已经不再是人们获取信息的唯一途径。许多人开始通过短视频平台来了解新闻和事件，这些平台提供了更丰富、更直观的内容形式，使得信息的获取和消费变得更加便捷和高效。

截至 2023 年 12 月，全网短视频账号总数已达惊人的 15.5 亿个，职业主播达 1508 万人，短视频已成为全民基础应用，同时也是新增网民触网的主要渠道。我国短视频市场已形成以抖音集团和快手系"两强"占据主要市场份额、视频号奋起直追、其他平台瓜分剩余市场的格局。其中，抖音月活跃用户规模已高达 7.61 亿，快手月活跃用户规模也达到了 4.46 亿，抖音和快手系两大集团短视频平台用户渗透率合计已高达 95.3%。微信视频号在 2020 年 1 月推出，内嵌于微信的"发现"页面中，微信庞大的用户基础为视频号起到了显著的导流效果，诞生一年半就达到了 3 亿 DAU（日活跃用户规模），这是快手花费 9 年、抖音花费

3年才达到的水平。

随着短视频逐渐成为互联网内容传播的主流媒介，其肩负的价值引领与文化传播功能愈加凸显，政策的规范与引导需要随之推进。例如，关于版权的问题、内容的质量和真实性，以及如何保护用户的隐私等问题。这些问题需要平台、内容创作者、用户和政策制定者共同面对和解决。2017年和2018年，国家新闻出版广电总局在《关于进一步加强网络视听节目创作播出管理的通知》和《关于进一步规范网络视听节目传播秩序的通知》中要求"各类网络视听节目必须坚守文明健康的审美底线""坚决禁止非法抓取、剪拼改编视听节目的行为"；2022年和2023年，多个部门发文着力整治短视频领域乱象，鼓励提升内容质量，发展积极健康的网络文化，促进短视频市场健康持续发展。

2.3.5 虚拟现实与增强现实的探索：重新定义我们的现实体验

虚拟现实（VR）和增强现实（AR）的技术已经开始以前所未有的方式改变我们的生活和工作方式。这些技术通过提供更加沉浸式和交互式的体验，正在重新定义我们的现实体验。

虚拟现实技术通过完全模拟现实环境，使用户能够在虚拟世界中自由移动和互动。这种技术已经在许多领域中得到了应用。例如，在娱乐领域，VR游戏提供了一种全新的游戏体验，使玩家能够完全沉浸在游戏的世界中。在教育领域，VR可以模拟真实的教学环境，使学生能够通过亲身体验来学习知识。虚拟现实的应用并不限于此。例如，医疗领域的专家正在使用虚拟现实技术进行手术训练，这种方法可以提供真实的手术环境，而不需要在真实的病人身上进行实践，降低病人的痛苦，提高治愈率。此外，建筑师和设计师也在使用虚拟现实技术来创建和预览他们的设计。

与此同时，增强现实技术通过在现实环境中添加虚拟元素，使用户能够与虚拟世界和现实世界进行交互。这种技术的应用也同样广泛。例如，零售商正在使用增强现实技术来提供试衣服务，顾客可以在购买前看到衣服在他们身上的样子。在教育领域，增强现实可以使学生在实地考察中看到历史事件的重现或是地理特征的详细解释。

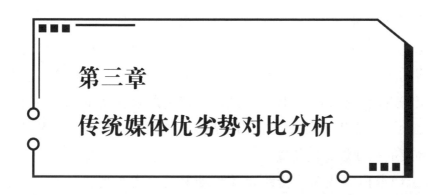

第三章
传统媒体优劣势对比分析

在信息时代的洪流中，新媒体和传统媒体如同两条并行不悖的河流，各自流淌着独特的韵律。传统媒体以其深度、权威性和稳定性保持着不可替代的地位，但是与新媒体相比，也存在着一些弊端。本章就分析传统媒体的优劣势，从而帮助我们理解这两种媒体形式的特性，引导我们在不断变化的信息海洋中找到最适合信息获取和传播的方式。

3.1. 传统媒体的优势

传统媒体虽然遭受新媒体的巨大冲击，面临艰难困境，但是传统媒体在长期实践中积累了丰富经验，具有独特优势。

3.1.1 权威性和信任度

传统媒体的权威性和信任度是其主要优势之一，这主要源于其历史悠久、严谨的新闻采集和报道流程以及一贯的专业标准。例如，《人民日报》是一家有着超过 70 年历史的报纸，它是我国的官方媒体，因其深度报道和高质量的新闻分析而在中国乃至全球享有声誉。当《人民日报》发表一篇报道时，其内容经过了严格的事实核查，而且是由专业的记者和编辑团队制作的，读者的信任度建立在其长期以来对新闻报道的严肃态度和精确性的坚守上。以下这些因素共同作用，使得传统媒体能够在公众中建立起高度的权威性和信任度：

（1）内容优势。传统媒体长期秉持"内容为王"的理念，严格按照长期形成的采写（录制）、编辑（剪辑）、发稿（播发）的制作程序，并经过层层把关，稿件质量较高、差错很少。此外，部分传统媒体坚持"走转改"，坚持到一线采写"接地气、挂露珠"的原创稿件，稿件有思想、有情怀、有高度，受到读者喜爱。而且传统媒体通常拥有专业的记者和编辑团队，他们在采集、处理和发布新闻时，遵守严格的新闻伦理和标准。

一是这些记者和编辑拥有专业的新闻技能和知识，他们知道如何找到和验证新闻源，如何进行深度采访和研究，如何分析和解读复杂的信息，以及如何把复杂的信息写成易于理解的文章。他们有能力从大量的信息中筛选出最重要和最相关的内容，提供准确、全面和深入的报道。

二是他们遵循严格的新闻伦理和标准。他们尊重事实，追求公正和公平，避免偏见和误导。他们尊重受访者和读者的权利，保护新闻源的隐私权，遵守法律和有关规定。他们对自己的工作负责，对公众负责，对社会负责。

他们的报道不仅提供了准确和全面的信息，也提供了深入和独特的见解，帮助公众理解和思考复杂的议题。他们的报道充满了洞察力和人性，引发了公众的共鸣和思考。传统媒体的高质量内容是他们的核心竞争，是他们在新闻市场中获得成功的关键。

（2）事实核查：传统媒体通常有一套完整的事实核查流程，以确保报道的准确性。

事实核查是新闻报道中的关键环节，它涉及对记者采集的信息进行独立、严格的审查，以确保报道的准确性和公正性。传统媒体通常设有专门的事实核查部门或职位，他们的任务是对稿件中的每一个事实进行核查，包括日期、地点、人名、数据等，以及引述的语句和描述的事件。这个流程不仅要求核查者具备严谨的态度和专业的技能，也需要他们具备广泛的知识和敏锐的洞察力。他们需要知道如何找到可靠的信息源，如何对比和分析不同的信息，如何识别和避免偏见和误解。他们也需要知道如何处理不确定和争议的信息，如何保护新闻源的机密性，如何遵守法律和伦理。

公众知道他们可以信赖传统媒体的报道，因为这些报道是基于严格的事实核查，而不是基于猜测或偏见，这些报道是为了公众的知情权和理解权，而不是为了商业的利益或政治的利益。事实核查是传统媒体保证报道质量，建立公众信任的重要手段。在信息爆炸和假新闻泛滥的时代，事实核查的重要性更加突出。

（3）历史和名誉：传统媒体由于发展时间较长，积累了丰富的实践经验，建立了完备的制度规范，培养了专业化的人才队伍。因此，传统媒体所做报道的专业性和权威性很强，在受众中赢得了一定知名度，塑造了自己的品牌形象。这种品牌优势是长期建立的，是新媒体在短时间内无法超越的。

　　中国的传统媒体,如人民日报、新华社、中央广播电视总台等,都有着几十年的历史。在这漫长的历史中,他们报道了无数重大事件,见证了中国社会的变迁和发展。他们的报道不仅记录了历史,也塑造了历史,影响了公众的观念和行为。例如,《人民日报》自1948年创立以来,一直是中国最重要的官方报纸,其报道深刻反映了中国的政治、经济、社会各个方面的变化。同样,新华社作为中国最大的新闻机构,其报道覆盖了中国乃至全球的重大事件,为公众提供了翔实的新闻和信息。而中央广播电视总台则通过电视节目,将新闻以更直观的形式传达给广大的观众。

　　这些媒体在历史的长河中积累了丰富的经验,他们的报道既是对历史的记录,也是对社会的反映和引导。他们的报道塑造了公众的观念,引导了社会的发展,对中国的历史进程产生了深远的影响。这种悠久历史使得他们在公众眼中建立起了权威的形象。公众知道他们可以信赖这些媒体的报道,因为这些媒体有着严谨的新闻标准,有着专业的记者和编辑,有着丰富的经验知识。公众也尊重这些媒体的独立性和公正性,因为这些媒体有着坚守的新闻伦理,有着对公众利益的承诺。

　　传统媒体的历史和名誉是他们的宝贵资产,是他们在新闻市场中获得成功的关键。这些传统媒体也会珍视自己的名誉。他们知道,一旦发表了不准确的报道,不仅会损害公众的权益,也会损害他们的信誉和地位。因此,他们会尽力避免这种情况的发生。他们会对每一个报道进行严格的事实核查,对每一个争议进行公正的处理,对每一个错误进行及时的纠正。

　　(4)透明度:传统媒体在处理错误或争议时,通常会采取公开和透明的态度，如发布更正声明或者道歉声明。

在新闻报道中，错误和争议是无法完全避免的。一方面，新闻报道涉及的信息复杂繁多，即使是最专业的记者和编辑也可能犯错。另一方面，新闻报道往往涉及各方的利益和观点，因此容易引发争议。在这种情况下，如何处理错误和争议，成为检验传统媒体责任感和公正性的重要标准。

传统媒体通常会采取公开和透明的态度，对错误和争议进行处理。一旦发现错误，他们会立即进行更正，并在显眼的位置发布更正声明，告知公众错误的内容和更正的内容。如果涉及严重的错误，他们甚至会发布道歉声明，对错误造成的影响进行道歉。这种处理方式，既体现了他们对错误的负责态度，也体现了他们对公众的尊重。

透明度是传统媒体的重要特质，是他们在新闻市场中获得成功的关键。这种公开和透明的态度，也有助于建立和维护他们的权威性和信任度。公众知道，他们可以信赖这些媒体的报道，因为这些媒体有着对错误的负责态度，有着对公众的尊重。公众也尊重这些媒体的公正性和独立性，因为这些媒体有着公开和透明的处理方式，有着对争议的公正处理。

（5）广泛的覆盖和影响力：传统媒体资源丰富，通常有广泛的读者或观众群。传统媒体经过多年的经营和发展，已经建立庞大的采编网络。仅以中央媒体海外布局为例，《人民日报》在海外有30余家分社，《人民日报》（海外版）发行80多个国家和地区；央视的海外分台和记者站约有60家；新华社在海外的总社和分社总数约180家。如此庞大采编网络能够有效保障将新闻事件如实迅速地呈现给读者。此外，各级各类传统媒体多为"体制内"媒体，几乎"垄断"着本级政府部门的报道资源。上述优势是任何新媒体都难以企及的资源优势，而且随着带来的是广泛的影响力和覆盖面。

此外，传统媒体因其历史悠久、内容丰富、覆盖广泛，吸引了大量的读者和观众。他们的报道不仅涉及政治、经济、社会、文化等各个领域，而且从地方到全球，从个人到群体，都有深入的报道和解读。这种广泛的覆盖，使得他们的报道可以影响到大量的人，从而产生广泛的社会影响力。一方面，他们的报道影响了公众的观念和行为，这种影响力体现了他们的权威性。公众会因为他们的报道，了解世界，形成观念，做出决策。这种权威性，使得他们在社会中占据了重要的位置，成了公众获取信息和理解世界的重要渠道。

另一方面，他们的报道也影响了公众对他们的信任度。公众会因为他们的报道，对他们产生信任，对他们的报道产生依赖。这种信任度，使得他们在新闻市场中获得了稳定的地位，成了公众获取信息的首选渠道。

3.1.2 深度报道

传统媒体的深度报道是其重要特性之一，这种报道往往涵盖了一个主题的各个方面，包括背景、历史、相关人物、影响等等，为读者提供了全面而深入的理解。

例如，"十四五"规划和 2035 年远景目标纲要就打造数字经济优势、加快数字社会建设步伐、提高数字政府建设水平、营造良好数字生态作出战略部署。2021 年 10 月 15 日起，《人民日报》陆续推出"加快数字化发展、建设数字中国"系列观察版（四个整版），围绕营造良好数字生态、赋能高质量发展等进行详细阐述，展望数字中国美好愿景。

例如，在河南暴雨发生的第二天，2021 年 7 月 22 日，《人民日报》便转载了《光明日报》的一篇名为"河南暴雨为何这么猛"的新闻报道，从大气条件、水汽条件、地形条件和对流天气方面进行解释，告知群众以科学的角度看待自然灾害，在一定程度上缓解了民众对于暴雨成因的猜测，安抚了民众的情绪，同时也对网络上的一些谣言进行了辟谣，维护了网络环境的和谐，加强了舆情传播的力度。

此外，传统媒体通常有足够的资源来进行深度报道，包括有经验的记者、研究员和编辑，以及用于采访、研究和写作的时间和资金。以下这些因素共同使得传统媒体能够提供深度报道。

（1）专业素质技能

传统媒体的记者和编辑拥有一套专业的新闻技能，这些技能往往是通过专门的新闻教育和训练获得的。他们知道如何提出有深度的问题，如何倾听和理解受访者的观点，以及如何从大量信息中提炼出关键点；他们具有强大的研究和分析能力，能够处理复杂的问题，找出事情的本质，理解并解释复杂的情况；他们知道如何把复杂的信息写成易于理解的文章，用清晰、简洁和有力的语言，将复杂的议题或事件传达给大众，将大量的数据和事实编织成有趣而引人入胜的故事，使读者能够理解和关心，能够思考并对这些议题或事件产生反应。此外，他们还具备伦理和法律知识，知道如何在报道中尊重人权，遵守法律规定，保持公正和公平，避免偏见和误导。这些技能使他们能够提供高质量、有深度和影响力的新闻报道，满足公众对信息的需求，增进公众对重要议题的理解，推动社会的公正和进步。

（2）历史和传统作用

许多传统媒体都拥有深度报道的历史和传统，这种历史和传统在很大程度上塑造了他们的新闻价值观和报道风格。这些媒体机构常常以其严谨、全面和深入的报道赢得公众的信任和尊重，因此，他们有强烈的动力继续深度报道的传统。

这种深度报道的历史和传统不仅体现在他们的新闻产品中，也体现在他们的组织文化和工作方法中。他们倾向于投入大量的时间和资源进行深度调查和研究，而不是仅仅追求短期的新闻热点。他们鼓励记者深入了解新闻事件的背景，探索问题的根源，挖掘被忽视的视角，以便为公众提供更深入、更全面的报道。这种历史和传统也对他们的新闻教育和训练产生了影响，他们培养记者和编辑具备深度报道的技能和素养，包括深度采访、数据分析、研究方法、伦理原则等，以便他们能够继续这种深度报道的传统。总的来说，历史和传统使许多传统媒体更倾向于进行深度报道，这种深度报道为公众提供了深入、全面和精准的信息，帮助公众更好地理解复杂的社会、政治和经济议题。

（3）稳定性和可预测性

传统媒体的稳定性和可预测性主要体现在它们的发布周期、内容风格和受众群体等方面。

一是传统媒体如报纸、电视新闻和广播节目等，通常有固定的发布周期。例如，报纸通常每日或每周出版，电视新闻每天固定时间播出，这种规律性使得读者和观众可以预测并依赖它们的出版和播放时间，从而形成稳定的获取信息的习惯。

二是传统媒体通常有自己的内容风格和主题定位，例如某些报纸以政治新闻为主，某些电视节目以娱乐新闻为主。这种内容风格和主题定位使得读者和观众可以预测到他们关心的信息类型，从而形成稳定的信息选择和消费习惯。

这种稳定性和可预测性主要来自传统媒体的运营模式和社会角色。传统媒体作为社会的信息传播工具，需要为读者和观众提供稳定、可靠的信息服务，因此，他们需要有稳定的发布周期和内容风格。同时，传统媒体也需要在激烈的媒体竞争中获得稳定的市场份额和收入，因此，他们需要有明确的主题定位和受众群体，以吸引和保持稳定的读者和观众。

（4）广泛的受众群体

是指媒体内容能够吸引和涵盖的各种不同的人群。就拿典型的传统媒体电视来说，其内容丰富多样，包括新闻、电视剧、纪录片、体育赛事等，这些内容能够满足不同年龄、性别、兴趣和社会背景的人群的需求。例如，新闻节目吸引了关注时事的成年人，儿童节目吸引了年幼的孩子，体育赛事吸引了体育爱好者，电视剧吸引了喜欢故事和娱乐的观众。因此，电视可以说有着广泛的受众群体。

传统媒体之所以能覆盖广泛的受众群体，有以下几个原因：

一是内容丰富多样：传统媒体通常提供各种类型的内容，以满足不同受众的需求。

二是易于接入：传统媒体如电视和广播，其接入门槛低，无论是城市还是乡村，无论是富人还是穷人，都可以轻易接入。

三是语言和文化普适性：传统媒体通常使用标准普通话或者当地的语言和文化，这使得他们更容易被当地的人群接受和理解。

四是有广泛的分发和传播网络：传统媒体如报纸和电视有着广泛的分发和传播网络，可以将内容快速有效地传递给大量的人群。

（5）对广告的影响力

主要体现在其广泛的受众群体、高频的触达机会和深度的品牌塑造能力上。比如电视广告通过在电视节目中插播，可以在短时间内触达大量观众。比如，在热门电视剧的播放期间插播的广告，可以在几分钟内触达数百万甚至数千万的观众。这种广泛和高频的触达，使得电视广告对观众的影响力非常大。

传统媒体之所以能产生强大的广告影响力，有以下几个原因：

一是广泛的受众群体：传统媒体可以覆盖广泛的受众群体，这意味着广告可以触达更多的人，从而产生更大的影响力。

二是高频的触达机会：传统媒体如电视和广播，其内容通常是周期性播放的，这意味着广告可以在多次播放中反复触达观众，从而加深观众对广告信息的记忆和理解。

三是深度的品牌塑造能力：传统媒体通常可以提供更丰富、更深度的内容，这使得他们在广告中可以更深入地展示和塑造品牌形象，从而产生更深远的影响力。

四是具有较强的权威性：传统媒体通常被视为更可信、更权威的信息来源，这使得他们的广告通常被观众更为接受和信任，从而产生更大的影响力。

3.2 传统媒体的劣势

虽然传统媒体在覆盖广泛的受众群体、提供稳定和可预测的内容以及产生强大的广告影响力等方面有其优势，但它也存在一些明显的劣势。

3.2.1 更新速度慢

传统媒体的更新速度相对较慢，不能满足现代社会对即时信息的需求。更新速度是指媒体内容从创作到发布的时间。在传统媒体中，这个过程通常需要经过一系列的步骤，包括内容创作、编辑、审查、排版、印刷或录制、分发等，这些步骤都需要一定的时间，因此传统媒体的更新速度相对较慢。

以报纸为例，报纸的制作过程包括新闻采集、编辑审查、版面设计、印刷、分发等步骤。这个过程通常需要一天的时间，因此报纸的更新速度通常是每天一次。这意味着，当一条新闻发生时，报纸需要至少等到第二天才能将这条新闻发布出去。

更新速度慢的原因主要有以下几点：

一是内容创作和审查过程复杂。传统媒体的内容创作通常需要专业的记者和编辑参与，而且还需要经过严格的审查和编辑过程，以确保内容的准确性和质量，这个过程需要一定的时间。

二是物理生产和分发过程耗时。对于报纸、杂志和电视等传统媒体，他们的内容需要通过印刷或录制的方式生产出来，然后通过物理的方式分发到观众手中，这个过程也需要一定的时间。

三是周期性的发布模式。传统媒体通常采用周期性的发布模式，比如报纸通常是每天一次，电视新闻通常是每天几次，这种发布模式限制了他们的更新速度。

3.2.2 互动性较差

指的是用户无法直接参与到内容的创作和讨论中。互动性是指媒体与其受众之间的交互程度。在传统媒体中，这种交互通常是单向的，即媒体发布内容，受众接收内容，受众的反馈和参与通常是有限的。

以电视为例，电视节目的内容通常由电视台制定和生产，观众只能被动地接收这些内容，而不能直接参与到内容的创作和决策中。即使观众对节目有反馈或意见，也只能通过电话、邮件或社交媒体等方式向电视台反馈，而这种反馈通常不会直接影响到节目的内容。

互动性差的原因主要有以下几点：

一是一对多的传播模式：传统媒体通常采用一对多的传播模式，即一个媒体机构向多个受众发布内容。在这种模式下，受众的反馈和参与通常是有限的，而且往往缺乏个性化和定制化的内容服务。

二是内容创作和决策过程封闭：传统媒体的内容创作和决策过程通常是由媒体机构内部的专业人员完成的，受众很难直接参与到这个过程中。

三是反馈机制不完善：虽然受众可以通过电话、邮件等方式向媒体反馈意见，但这种反馈通常不会直接影响到媒体的内容，而且反馈的过程通常是耗时和复杂的。

3.2.3 成本高昂

传统媒体的运营成本相对较高，包括内容生产、分发和维护等方面的费用，这在一定程度上限制了其创新和发展的能力。这主要源于内容创作、生产、分发等环节的人力和物力投入。

以电视台为例，一部电视节目的制作就需要投入大量的人力、物力和财力。首先，节目的策划、编剧、导演、演员、摄影、后期制作等环节都需要专业人员参与，而这些人员的薪酬是成本的一部分。其次，节目的拍摄和制作还需要摄影设备、录音设备、灯光设备、剪辑软件等设备和工具，这些设备和工具的购买和维护也需要成本。再次，节目的播出还需要通过电视信号的方式传输到观众家中，这需要建立和维护电视传输网络，这也是成本的一部分。

成本高昂的原因主要有以下几点：

一是人力成本高。内容创作和生产需要大量的专业人员参与，而这些人员的薪酬通常较高。

二是物力成本高。内容生产需要大量的设备和工具，而这些设备和工具的购买和维护成本也较高。

三是分发成本高。传统媒体的内容需要通过物理的方式分发到受众手中，这需要建立和维护分发网络，而这也需要成本。

3.2.3 受众群体年龄偏大

这主要是因为年轻一代更倾向于使用互联网和社交媒体来获取信息。以电视为例，根据多项研究，电视的主要观众群体往往是年龄较大的人群。他们可能在电视的黄金时段（如晚上）观看新闻、电视剧或综艺节目。相比之下，年轻人可能更倾向于使用互联网、社交媒体或流媒体平台来观看视频内容。

受众群体年龄偏大的原因主要有以下几点：

一是技术习惯。年轻一代，特别是数字原生代，他们从小就接触互联网和数字设备，因此更倾向于使用互联网和社交媒体来获取和分享信息。相比之下，年长的人群可能更习惯于使用传统媒体，如电视和报纸。

二是内容偏好。年轻一代可能更喜欢短视频、互动内容和个性化内容，而这些内容在互联网和社交媒体上更常见。相比之下，传统媒体的内容形式和主题可能更适合年长的人群。

三是时间灵活性。互联网和社交媒体允许用户随时随地获取信息，甚至能够实现实时传播，而传统媒体的内容传播通常有固定的时间和地点，这可能不适合年轻人的生活方式。

3.3 传统媒体未来发展方向

传统媒体以其权威性、信任度、广泛的覆盖范围以及深度报道和分析的能力，仍然在信息传播领域中占有重要地位。然而，它们也面临着更新速度慢、运营成本高昂、受众年龄偏大等挑战。在互联网和新媒体的冲击下，传统媒体需要寻找新的策略和模式，以适应快速变化的信息环境，以适应快速变化的信息环境，并满足不同受众的需求。

一是数字化转型将是传统媒体的重要发展方向。通过使用新的技术和平台，如社交媒体、移动应用等，传统媒体可以更有效地传播信息，并吸引新的受众。同时，大数据和人工智能等新技术也将帮助传统媒体提高新闻生产和传播的效率，降低运营成本。

二是传统媒体需要更加注重受众的需求和喜好，提供更加个性化和定向的信息服务。这可能涉及开发新的内容形式，如视频、动画、互动图表等，以吸引年轻受众；也可能涉及提供更深度、更专业的报道和分析，以满足部分受众对高质量信息的需求。

三是面对经济压力，传统媒体需要寻找新的收入来源，并尝试多元化的收入模式，如在线订阅、付费阅读、广告合作、品牌联名等。这不仅可以提高传统媒体的经济稳定性，也可以为其提供更多的发展资源和可能性。

四是在复杂多元的背景下，传统媒体的公信力将更加重要。通过坚守新闻伦理，保持报道的公正性和准确性，传统媒体可以维护其在公众心中的信任地位，也可以为社会提供更有价值的信息服务。

五是传统媒体需要在与新媒体的合作与竞争中寻找自身的发展道路。这可能涉及内容共享、技术交流等合作方式，也可能涉及在内容、服务、技术等方面与新媒体的竞争。

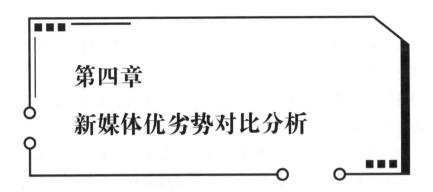

第四章
新媒体优劣势对比分析

随着信息技术的发展，新媒体发展迅速，而且以其即时性、互动性和广泛性赢得了众多用户的青睐。在上一章传统媒体的优劣势分析的基础上，本章主要对比分析新媒体的优劣势，从而找到最适合的信息获取和传播方式。

4.1 新媒体的优势

在互联网快速发展和广泛应用的大背景下，以互联网为依托的新媒体迅速发展，充分利用先进传播技术，以其独特的互动性、快速的信息传播、精准的目标定位以及多样化的内容形式，彻底改变了我们获取和分享信息的方式，它的出现使得我们能够以前所未有的速度和广度与世界连接，打破了传统媒体的边界和限制，为信息传播开启了新的篇章。

4.1.1 信息传播速度快

新媒体依托功能强大的互联网，运用"点对点、多对多"的多向传播方式，传播速度很快。一些新媒体内容在多个视频网站播出后迅速引发巨大关注，而后又借助社交网络引发了巨大的社会讨论，传播速度之快令人瞠目。比如，一封辞职信"世界那么大，我想去看看"瞬间引爆社交网络。这充分反映了新媒体的平台优势、渠道优势。

新媒体平台，如社交媒体、微信、微博、视频分享网站等，都是基于互联网的实时性质构建的。这意味着，一旦信息发布，就可以立即被全球的网民访问和分享，而不需要等待如报纸或电视新闻的下一版或下一次播报。例如，社交媒体平台允许用户在几秒钟内把信息传播到全球各地，这种速度和范围在传统媒体中是无法实现的。此外，新媒体的实时性还使得信息更新迅速，用户可以随时获取到最新的信息和新闻，无须等待固定的更新时间。这种快速的信息传播速度，使得新媒体在突发公共事件报道、热点话题讨论等方面具有明显优势。

4.1.2 互动性强

不同于传统媒体的单向传播模式，新媒体提供了一个开放的平台，让用户有机会参与到内容的创建、分享、评论和反馈中来。这种参与性极大地增强了用户的归属感和满足感，从而提高了用户的参与度和忠诚度。同时，这种互动性也使得信息传播更加多元化和个性化。用户可以根据自己的兴趣和需求，选择、分享和讨论他们感兴趣的内容，这使得信息的传播更加贴近用户的实际需求。此外，新媒体的互动性还有助于信息的快速传播和扩散。用户的互动行为，如分享、评论和点赞，可以让更多的人看到和接触到这些信息，从而加快了信息的传播速度。因此，新媒体的互动性不仅提高了用户的参与度，也为信息传播的多元化和个性化开辟了新的道路。

4.1.3 能够精准定位

新媒体平台能够收集和分析大量的用户数据，包括用户的浏览历史、购物习惯、搜索关键词、地理位置等。这种丰富的用户数据为新媒体提供了深入理解用户喜好和行为模式的可能性，使得广告和信息可以精准地传递给特定的受众。这种精准定位的能力在传统媒体中是无法比拟的。传统媒体通常只能依赖于粗略的人口统计数据进行定位，如年龄、性别和地理位置等，而无法获得用户的详细信息和行为数据。因此，传统媒体的广告和信息传播往往更加泛化，无法满足特定受众的特殊需求。新媒体的精准定位不仅提高了广告和信息传播的效率，也提高了用户的满意度。用户可以接收到更符合他们需求和兴趣的信息和广告，从而提高了用户体验。同时，这种精准定位也使得广告主可以更有效地利用他们的广告预算，因为他们可以确保他们的广告被精准地传递给最有可能感兴趣的受众。

4.1.4 内容形式多样

与传统媒体相比，新媒体不仅可以发布文字和图片，还可以发布视频、音频、动画、直播、虚拟现实、增强现实等多种形式的内容，这种多样性使得信息传播更加丰富和有趣，也更能满足不同用户的需求和喜好。文字和图片可以提供详细和精确的信息，适合传播新闻、教育和科学内容。视频和音频可以提供更生动和直观的体验，适合传播娱乐、艺术和故事内容。动画、直播、虚拟现实和增强现实等新型内容形式可以提供更具沉浸感的体验，适合传播游戏、体育和旅游内容。新媒体的内容形式多样性不仅使得信息传播更加丰富和有趣，也使得新媒体更具吸引力和影响力。用户可以根据他们的需求和兴趣，选择他们最喜欢的内容形式，改善了读者的阅读体验，同时以良好的参与性，赢得了大量的受众粉丝，以高效的计算、精准的推送，提升了服务质量，增强了用户黏性，这些为新媒体的发展积累了巨大的用户优势，抢占了用户就抢占了市场，使新媒体发展进入良性循环的轨道。

4.1.5 成本较低

新媒体的运营成本相对较低，这是因为它主要依赖于数字技术和网络平台，不需要像传统媒体那样投资于昂贵的物理设施（如印刷设备、广播发射塔等）和大规模的物理分发网络，正所谓新媒体时代"人人都是麦克风"。此外，新媒体的内容创作和分发过程可以高度自动化，进一步降低人力成本。这种低成本运营模式为小型媒体创业者提供了入场机会，促进了市场的多元化和创新。

4.1.6 开放性强

新媒体的开放性体现在两个主要方面：一是对用户的开放性，新媒体平台允许几乎任何用户接入和发布内容，无论用户位于世界的哪个角落，只要有互联网连接，就能参与到全球的信息交流中。二是对内容的开放性，新媒体平台支持各种形式的内容发布，从文字、图片、视频到直播等，用户可以根据自己的兴趣和专长创作和分享内容，这种内容上的自由和多样性吸引了广泛的受众。

这些因素共同作用，使得新媒体拥有比传统媒体更大的发展空间和可能性。低成本运营使得更多的个人和小型团队有机会创作和传播内容，而内容和用户的开放性则为新媒体平台提供了源源不断的创新动力和用户增长潜力。随着技术的进步和用户习惯的变化，新媒体在全球信息生态中的地位越来越重要。

4.2 新媒体的劣势

新媒体，以其高效的信息传播、丰富的内容形式和精准的受众定位，已经深深地改变了我们的生活。然而，与其明显的优势并存的是一些不容忽视的劣势。信息真实性的问题、用户的隐私风险、信息过载以及信息茧房现象等，都是新媒体在发展中需要面对和解决的挑战。这些问题不仅对新媒体的健康发展构成威胁，也给用户带来了实际困扰。因此，深入探讨和了解新媒体的这些劣势，对于我们更好地利用新媒体，减少其潜在的负面影响具有重要意义。

4.2.1 信息真实性难以保证

新媒体的开放性和多元性，虽然为信息的交流和传播提供了广阔的平台，但也引发了一些严重的问题，其中最突出的就是信息真实性的问题。在这个自由发布内容的时代，任何人都可以成为信息的发布者，这就导致了大量信息的泛滥，其中不乏虚假信息、谣言和带有偏见的观点。这些信息在新媒体的推动下能够迅速蔓延，甚至有时候比真实信息传播得更迅速、更广泛。

虚假信息和谣言的传播，不仅会误导公众，影响他们的决策和行为，而且可能会对社会稳定产生破坏性影响。例如，健康类型的谣言可能会导致人们采取错误的预防措施，甚至放弃有效的治疗方式；政治谣言和偏见信息可能会煽动社会对立，破坏社会和谐。

虚假信息和谣言的传播也会对个人造成伤害。例如，网络欺诈、诽谤和人身攻击等，都可能对个人的权益和名誉造成严重损害。这些问题不仅测试了新媒体平台的责任和能力，也对我们每个人的信息素养和批判性思维能力提出了更高的要求。因此，如何确保新媒体环境下信息的真实性和准确性，是我们面临的一项重要挑战。

4.2.2 侵犯隐私的风险

新媒体的发展，尤其是社交媒体和搜索引擎的普及，使得大量的个人信息在网络上流动。这些信息不仅包括我们主动发布的内容，如言论、图片和视频，还包括我们的浏览记录、搜索记录、购物记录等等，一旦被收集和分析，可以揭示出我们的兴趣、习惯、行为模式，甚至可以"分析"出思想和情感。因此，新媒体的数据收集和分析能力，也带来了严重的隐私问题。

首先，个人信息可能被无意识地收集和使用。很多时候，我们在使用新媒体服务时，可能并不清楚我们的信息被收集和使用的具体情况。这种无意识的信息收集，往往会对我们的隐私权造成侵犯。

其次，个人信息可能被滥用和泄露。一些不负责任的公司或个人，可能会出售或泄露我们的信息，用于广告推销、欺诈或者其他非法活动。这不仅会对我们的隐私造成侵犯，也可能会对我们的财产和安全带来威胁。

最后，个人信息可能被用于进行精准定位和操控。一些别有用心的公司对我们的信息进行深度分析，可能揭示出弱点和需求，然后利用这些信息对我们进行精准的广告推送或者其他不良企图。

4.2.3 容易产生信息过载

新媒体的信息量之大，已经超出了我们传统的想象范围。每一秒，都有大量的文本、图片、音频和视频内容在网上被发布和分享。这种信息的海量性，虽然为我们提供了丰富的选择，但同时也带来了一个严重的问题：信息过载。

信息过载，也称为信息负荷，是指人们在面对大量信息时，难以有效地处理和吸收这些信息，从而产生的一种压力和困扰。在新媒体环境下，我们每天都要面对数以千计的信息输入，这远远超过了我们的处理能力。这种情况下，我们往往会感到困惑、焦虑，甚至无法做出决策。

信息过载不仅会影响我们的心理健康，还会影响我们的决策质量。当我们面对大量信息时，我们往往会难以区分哪些信息是重要的，哪些是不重要的。这可能导致我们错过重要信息，或者被无关紧要的信息所干扰，从而做出错误的决策。此外，信息过载还会加剧我们的认知负担，影响注意力和记忆力。在大量信息的冲击下，注意力容易被分散，记忆力也会受到压力。这不仅会影响我们的学习效率，也会影响我们的工作效率。这需要我们提高信息素养，学会筛选和评价信息，同时也需要新媒体平台提供更有效的信息管理和过滤工具。

4.2.4 容易形成信息茧房

新媒体环境下，个性化推荐算法已经成为一种常见的信息筛选和分发方式。这种算法可以根据用户的历史行为和偏好，为其推荐与其兴趣相符的信息，从而提高信息的相关性和用户的满意度。然而，这种推荐方式也有可能导致用户陷入"信息茧房"。

"信息茧房"最早由哈佛大学教授凯斯·桑斯坦提出。在他看来，互联网的确为公众提供了"资讯汪洋"，但人们接触信息不是全盘接收，而是根据个人喜好有选择性地吸收。通俗来说，就是"信息偏食"，看自己想看的，听自己想听的。久而久之，"回音室效应"之下，公众会将自身桎梏于蚕茧般的"茧房"中，难以看到外部世界的多元性。

"信息茧房"对现实中信息接收窄化、信息结构失衡问题，不乏警示性。尽管"信息偏食"也是信息过剩时代依托人脑"过滤罩"的自我保护，人们也会因"同质信息疲劳"产生对"同温层"以外的信息需求，但"信息茧房"问题的弊害仍需正视和防范——自带圈层壁垒与排异性的"茧内交流"，可能助长群体盲思与价值极化，加剧社会价值共同体离散化。

一是它可能导致社会观点的极化。当人们只接触到与自己观点相符的信息，他们的观点可能会得到过度的强化，对异质观点的容忍度可能会降低，从而导致社会观点的极化。

二是信息茧房可能会阻碍公共对话的进行。公共对话需要人们接触和理解不同的观点，以便进行有效的交流和协商。然而，信息茧房可能会让人们难以接触到不同的观点，从而阻碍公共对话的进行。

三是信息茧房可能会对个体的认知和判断产生影响。当人们只接触到一种观点的信息，他们可能会对这种观点产生过度的信任，从而影响他们的认知和判断。

4.2.5 对技术和设备的依赖性强

新媒体的运作和传播，无疑是建立在现代技术和设备的基础之上的。无论是社交网络、搜索引擎、流媒体平台，还是电子商务网站，都需要依赖于电脑、智能手机、互联网等技术设备。这些设备和技术，成了我们获取和分享信息，以及参与社会互动的重要工具。对于一些技术能力较弱或资源有限的用户来说，新媒体的这种依赖性可能构成一个挑战。

（1）对于一些老年人或者技术能力较弱的用户，可能难以掌握和使用这些新的技术和设备。例如，他们可能不懂得如何使用智能手机，如何在社交网络上发布和分享信息，或者如何通过搜索引擎找到需要的信息。这就限制了他们使用新媒体的能力，从而在信息社会中处于较为劣势的位置。

（2）对于一些经济条件较差或者生活在偏远地区的用户，他们可能无法获得必要的设备和技术。例如，他们可能无法负担智能手机或电脑的购买费用，或者无法接入高速的互联网。这同样限制了他们使用新媒体的能力，使他们无法充分享受信息社会带来的便利和机会。

新媒体的普及和发展，不仅需要技术和设备的进步，也需要我们关注和解决这些社会问题，需要政府、企业和社会的共同努力，包括提供公共的设备和技术服务，提高用户的技术能力，以及改善网络和设备的可及性和负担性等，确保所有的用户都能公平地使用新媒体，享受信息社会带来的福利。

4.3 新媒体未来发展方向

新媒体的发展是一个双刃剑，我们需要明智地利用其优势，同时也要勇敢地面对并解决其带来的挑战。新媒体的出现极大地改变了我们获取和交流信息的方式，同时也带来了一系列的优势和挑战。在优势方面，新媒体的实时性、互动性和个性化使我们能够更快、更方便地获取和分享信息，同时也让信息的传播更加广泛和多元。但是，新媒体也带来了一些挑战，包括信息茧房的形成和对技术设备的依赖性。我们需要关注和解决这些问题，以确保新媒体的健康发展，同时也要通过提高信息素养，学会批判性思考，以及提供更公正、透明的推荐算法，来打破信息茧房，促进信息的多元性和公共对话；也需要提供公共的设备和技术服务，提高用户的技术能力，改善网络和设备的可及性和负担性，确保所有的用户都能公平地使用新媒体，享受信息社会带来的福利。

通过上一章和本章的论述，传统媒体的内容优势与新媒体的技术优势是完美互补，此长彼长的关系，这也是传统媒体与新媒体融合发展的前提和基础。传统媒体可以借助新媒体的技术优势和平台优势，采取有效的战略、战术，充分利用好支撑在新兴媒体背后的新技术，增加互动的成分，改善用户体验，增强传播效率，从而提升传统媒体的价值，不断提升传统媒体新闻报道的影响力。新媒体可以借助传统媒体的内容优势和专业优势，弥补自己原创优质内容不足的短板，以便在新媒体激烈竞争中占得优势。

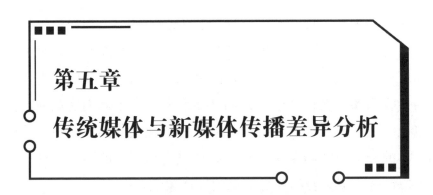

第五章
传统媒体与新媒体传播差异分析

随着科技的发展，不管是传统媒体还是新媒体传播的方式都在经历着深刻的变化，但是仍然差异性明显。传统媒体，如电视、广播和报纸，正在与新媒体，如社交网络、微信、微博和短视频平台，共同塑造我们的信息社会。本章将从传播手段、传播效果等两个方面，详细分析传统媒体和新媒体的传播现状和不同之处。

5.1 传播手段差异

5.1.1 传统媒体的传播手段

（1）深受媒介属性影响

广播电视和报纸杂志作为传统媒体的代表，各自展现出了鲜明的传播特征，这些特征在很大程度上由它们的媒介形态、内容生产方式、受众接收习惯以及技术发展等多方面因素所决定。

广播电视的传播特点主要体现在其即时性、动态性和广泛的覆盖范围。作为电磁波传播的媒介，广播电视能够实现快速的信息传递，特别是电视，它通过视觉和听觉的结合，为受众提供了丰富而直观的信息体验。电视节目的多样性，从新闻、教育到娱乐和广告，满足了不同受众群体的需求。广播则因其便携性和较低的接收门槛，在行动中的人们（如驾车者）中尤为受欢迎。广播电视的影响力在于其即时性和大规模的观众基础，能够迅速引起广泛的公众关注和情感共鸣，而且电视和广播的即时性使它们在紧急情况下成为传播关键信息的首选渠道。

报纸杂志则展现出不同的特点。作为印刷媒介，报纸杂志的信息传递更为稳定和持久。报纸通常每日或每周发行，提供最新的新闻和信息，而杂志则更侧重于特定领域的深入报道和分析。报纸的即时性较电视广播稍逊，但其深度和权威性仍然是其核心价值。杂志通过精心设计的版面和高质量的印刷，为读者提供视觉享受，并能够针对特定的兴趣和爱好提供深度内容。此外，正是因为报纸杂志内容的深度和准确性，它们往往是公众获取经过深入调查和分析的信息的重要来源，此外，报纸杂志的文本特性使其成为历史记录的重要组成部分，为研究和回顾提供了宝贵的资料。

在数字化时代的背景下，传统媒体面临着前所未有的挑战。广播电视受到网络视频、流媒体服务和社交媒体的冲击，它们必须适应数字技术的发展，通过互联网提供内容，以满足受众对于随时随地获取信息的需求。报纸杂志也面临着类似的挑战，它们需要在数字化转型中找到新的商业模式和受众互动方式。在此过程中，内容的质量、可信度和多样性仍然是它们维持影响力和竞争力的关键。

广播电视和报纸杂志的传播特点深受它们各自媒介属性的影响。尽管面临数字化的挑战，但它们仍然在全球媒体生态中扮演着不可或缺的角色。通过不断适应技术进步和受众需求的变化，传统媒体正在寻求新的生存和发展之道。

（2）信息发布受时间性和空间性限制

信息发布的时间性和空间性限制是指在信息传播过程中遇到的时间和空间上的各种约束，这些限制影响着信息的传播速度、范围和接收效果。在时间性限制方面，信息发布往往受到新闻生产周期的约束，比如日报、周刊的出版周期决定了新闻内容必须在特定的时间前完成采集、编辑和排版，从而可能错过最新发展或者无法实时更新信息。电视新闻节目也受到播出时间表的限制，不能随时更新内容。此外，时区差异也会影响国际新闻的发布和接收，导致某些信息在不同地区的受众中产生时间差异。

空间性限制主要体现在信息的传播范围和分发效率上。传统媒体如报纸和杂志依赖于物理分发，其覆盖范围受到地理位置、交通运输条件的限制，远距离地区可能面临信息延迟甚至无法获取的情况。广播电视虽然通过电磁波传播，但其信号覆盖也受到发射塔位置、功率和地形等因素的影响，无法做到完全普及。这些媒介的空间限制导致信息传播出现"盲区"，影响了信息的普遍可及性。

信息发布的时间性和空间性限制还受到技术发展水平的制约。在技术不断进步的今天，虽然互联网和数字媒体的兴起极大地弥补了传统媒体在时间和空间上的不足，提供了更加即时、广泛的信息传播渠道，但网络覆盖不均、信息安全和技术门槛等问题仍然限制着信息的自由流通。此外，信息过载现象也导致受众在有限的时间内难以筛选和消化大量信息，这在另一个层面上体现了信息发布的时间性限制。

信息发布的时间性和空间性限制是多方面的，它们不仅仅是物理上的限制，还包括技术、制度、文化等多重因素的综合作用。这些限制对于媒体机构、内容生产者和受众都提出了挑战，要求他们在保证信息质量和准确性的前提下，不断探索和适应新的信息传播方式和技术，以克服这些限制，实现更有效的信息传播。

（3）运营模式较为单一

传统媒体的运营模式主要是通过广告收入和订阅费用来获取收入。传统媒体大多沿用两次售卖模式，先将信息通过指定途径传播，获得影响力后，将流量转交给广告主，以此获取利润，获利途径较为单一。例如，电视台和广播电台通过出售广告时段，报纸和杂志通过销售广告版面，以获得收入。同时，一些报纸和杂志还会向订阅者收取费用，提供定期的内容服务。当传统媒体面对市场变化和用户需求时，往往要寻找新的收入来源，提高内容更新速度，增加与用户的互动来解决。

5.1.2 新媒体的传播手段

（1）社交媒体、即时通信工具等是其重要组成部分

社交媒体、博客以及即时通信工具构成了现代数字传播的重要组成部分，它们各自具有独特的传播特点，影响着信息的流动和受众的交流方式。

社交媒体是当今信息传播的强大引擎，它以其互动性、用户生成内容和网络效应而著称，不仅使个人用户能够发布消息、分

享生活，还使企业和品牌能够与消费者进行直接互动。社交媒体的传播特点体现在其快速传播信息的能力，以及它的去中心化特性，任何用户都可以成为信息的生产者和传播者。此外，社交媒体的算法推荐系统能够根据用户的行为和偏好推送个性化内容，从而增强用户黏性，但同时也可能导致信息泡沫和回音室效应。

博客是一种更为个性化的表达平台，博主可以在此深入探讨特定主题，分享专业知识或个人见解。博客的传播特点在于其内容的深度和持久性。与社交媒体的即时性相比，博客文章通常更长、更详细，能够提供更加深入的分析和讨论。博客的另一个特点是其搜索引擎优化（SEO）能力，优质的博客内容能够通过搜索引擎获得较高的可见度，从而吸引长尾的受众群体。

即时通信工具，如：微信、QQ等，提供了即时、便捷的通信方式。这类工具的传播特点在于其高效的一对一或一对多的信息传递能力，以及支持多种信息格式（文本、图片、视频、语音等）的传输。即时通信工具通常配备有端到端加密功能，保障了通信的私密性和安全性。在信息传播方面，即时通信工具的群组和频道功能，使其成为快速聚集社群和传播特定信息的有效工具。

这三类数字媒体的共同特点是其参与性和互动性，用户不再是被动接受信息的对象，而是可以积极参与内容的创造和评论。它们的另一个显著特点是个性化和定制化，用户可以根据自己的兴趣和需求定制信息流。此外，它们都具有跨地域传播的特性，能够打破传统媒体的地理限制，实现全球范围内的信息传播。

这些数字媒体也存在一些问题，如信息的真实性难以鉴别，假新闻和谣言的传播，以及对用户隐私和数据安全的威胁。社交媒体的算法可能导致信息过滤泡沫，限制用户接触到不同的观点。博客的影响力可能受限于其受众基础和知名度。即时通信工具虽然保障了通信的私密性，但也可能成为非法内容传播的渠道。

（2）实时更新、互动性强、传播速度快

在数字化时代，实时更新、互动性强和传播速度快已经成为信息传播的关键特征，这些特征不仅改变了人们获取信息的方式，也重新定义了新闻传播、社交互动和商业营销的模式。

一是实时更新是现代信息传播的核心特征之一。在这个时代，新闻事件、社交动态和市场信息都在不断的流动中，用户期望能够获取最新的信息。社交媒体平台、新闻网站、博客和即时通信工具都能够提供即时发布和更新的功能。这种实时性不仅满足了人们对即时信息的渴望，也加快了公共讨论和决策的进程。例如，股市交易员依赖实时更新的市场数据来做出快速的买卖决策，而突发公共事件的实时报道则能够即刻引发公众的关注和反应。

二是互动性强则体现在现代传播工具允许用户参与到信息的创建、评论和分享过程中。与传统媒体相比，用户不再是被动的信息接收者，而是可以通过点赞、评论、转发等方式与内容互动，甚至与内容创作者或其他用户直接对话。这种互动性增强了用户的参与感和集体归属感，也使得信息传播更加民主化。在商业领域，品牌可以通过互动营销与消费者建立更紧密的联系，获取即时反馈，从而更好地调整营销策略。

三是传播速度快是另一个显著特点。在互联网和移动通信技术的支持下，信息几乎可以在瞬间传遍全球。这种速度无疑增加了信息的时效性和影响力。在紧急情况下，如自然灾害或社会事件，快速传播的信息可以及时提醒和指导公众做出反应。在娱乐和流行文化领域，新歌发布、电影上映或名人动态可以迅速成为全球热议的话题。

但是，实时更新可能导致信息的质量和准确性受损，因为在追求速度的过程中，验证信息真实性的步骤可能被忽视。强互动性虽然提高了用户的参与度，但也可能导致信息过载，用户在海量信息中难以辨识哪些是有价值的。快速传播则可能加剧错误信息和谣言的扩散，对社会秩序和个人名誉造成损害。

为了应对这些挑战，许多平台和机构开始采取措施。例如，社交媒体平台引入事实检查者，以辨别和标记虚假信息；新闻机构加强内部审核流程，确保报道的及时性不以牺牲准确性为代价；教育机构和非营利组织致力于提高公众的信息素养，帮助人们在快速流动的信息中做出明智的判断。

（3）运营模式较为复杂

新媒体更注重客户需求，运营模式较为复杂，收入来源多样。除了通过广告和订阅收费获得收入外，新媒体还可以通过数据售卖、付费内容、众筹、电子商务、虚拟商品等方式获取收入。例如，一些新媒体平台会出售用户数据给广告商，以提供更精准的广告定向服务；一些内容创作者会通过售卖优质内容或提供专享服务获得收入。新媒体投放广告的目的是扩大宣传范围，可根据受众需求定向投放，其运营对标的客户以年轻群体为主。当新媒体在面对市场变化和用户需求时，要通过处理好用户数据和隐私，提高内容质量，管理好用户间的互动来解决。

5.1.3 手段差异带来的影响

（1）信息覆盖范围

信息覆盖范围是指信息传播的广度和深度，涉及信息能够触及的地理区域、人群规模以及社会各层面的渗透程度。在数字化时代，信息覆盖范围得到了前所未有的扩展，这主要得益于互联网技术的发展和移动通信设备的普及。

在传统媒体时代，信息覆盖范围受限于物理传播媒介的限制。例如，报纸、电视和广播的覆盖范围通常局限于国家边界内或某个特定地区。信息的传播速度和到达的广度受到了技术和地理的限制，而内容的制作和分发也需要较长的时间和更多的资源。

随着互联网的兴起，信息覆盖范围发生了革命性的变化。互联网提供了一个去中心化的平台，信息可以瞬间跨越国界，被全球任何一个角落的用户访问。社交媒体、博客、在线新闻网站和即时通信工具等数字媒体，使得信息传播不再受到传统物理媒介的限制。这些平台的出现，使得个人和小型组织也能够拥有与大型媒体机构相媲美的信息传播能力。

信息的覆盖范围不仅是地理上的扩展，还包括对不同人群的渗透。在互联网上，有各种各样的社区和论坛，覆盖了从普通消费者到专业人士的广泛用户群体。信息可以针对特定的兴趣小组或专业领域进行定制化传播，使得覆盖范围在垂直领域得到加深。

移动设备的普及进一步扩大了信息的覆盖范围。智能手机和平板电脑等移动设备使得用户可以随时随地接收和分享信息。移动互联网的普及，为那些以往难以通过传统媒体接触到信息的人群提供了接入信息的途径，极大地提高了信息覆盖的普及性和平等性。

但是，信息覆盖范围的扩大也存在弊端。首先，信息的质量控制成为一个问题，因为信息的生产者日益增多，但并非所有的信息都经过了严格的审核。其次，信息的过量可能导致受众的注意力分散，难以辨识哪些信息是重要和可靠的。此外，虽然信息覆盖范围广泛，但并不意味着每个人都能平等地获取信息。数字鸿沟依然存在，一些人群由于技术、经济或教育等原因，可能无法充分接触或利用信息资源。

为了应对这些挑战，需要多方面的努力。国家相关部门可以推动基础设施的建设，提高互联网的普及率，缩小数字鸿沟。内容创作者和平台运营者需要加强对信息质量的控制，防止假新闻和误导性信息的传播。教育机构应该加强信息素养教育，帮助公众建立批判性思维，提高辨别和筛选信息的能力。

（2）信息更新速度

信息更新速度是指信息从产生、处理到传递给最终用户所花费的时间。在数字化时代，这一速度已经达到了前所未有的水平，极大地影响了新闻业、商业、教育和政策制定等多个领域。

在传统媒体时代，信息更新速度受限于技术和物理媒介。报纸、广播和电视等传统媒体需要经过较长的采集、编辑和分发过程，用户通常在事件发生数小时甚至数天后才能获得更新的信息。这种时滞对于紧急情况的响应、市场动态的把握以及公共舆论的形成都有显著影响。

随着互联网和移动通信技术的发展，信息更新速度发生了革命性的变化。在线新闻网站、社交媒体、博客和即时通信工具等数字平台使得信息几乎可以在产生的瞬间被广泛传播。这种即时性的提升，一方面使得公众能够快速接触到最新的新闻事件、市场变化和科技进展，另一方面也为人们提供了实时互动和反馈的渠道。

信息更新速度的加快为新闻报道带来了深刻的变革。现代记者可以利用智能手机和笔记本电脑随时上线报道新闻，社交媒体成了突发公共事件的即时信息源。这种速度对于新闻机构而言既是机遇也是挑战，因为它们必须在确保报道准确性的同时，迅速地发布新闻。

在商业领域，信息更新速度的提升意味着企业能够更快地响应市场变化和消费者需求。股市和金融市场的信息更新几乎同步进行，交易者依赖实时数据做出投资决策。此外，企业也可以通过社交媒体实时更新产品信息，快速处理客户反馈和投诉，从而提高客户满意度和市场竞争力。

在教育领域，信息更新速度的提高使得学习材料和学术研究能够迅速传播，学生和研究人员能够即时访问最新的知识和发现。这对于促进全球知识共享和教育公平具有重要意义。

政策制定者也受益于信息更新速度的加快。政府机构能够更快地获取关于公共卫生、环境变化和社会动态的数据，从而及时地制定或调整政策以应对各种挑战。

尽管信息更新速度的提升带来了许多积极影响，但它也带来了一些负面后果。信息的快速更新可能导致错误信息的迅速传播，特别是在没有充分验证的情况下。这不仅会误导公众，还可能导致恐慌和混乱。此外，信息过载是另一个问题，用户可能因为信息量太大而难以消化和筛选，从而感到压力和焦虑。

为了应对这些挑战，需要加强信息质量的控制，提高公众的信息素养，使他们能够有效地处理和筛选大量更新的信息。新闻机构和信息提供者需要建立严格的事实核查机制，确保即使在追求速度的同时，也能保证信息的准确性和可靠性。

（3）用户参与度

用户参与度是衡量用户与内容、产品或服务互动程度的指标。在数字化时代，用户参与度成了衡量成功的关键因素，尤其在媒体、广告、在线零售和社交网络等行业。用户参与度不仅反映了用户的活跃程度，也是评估用户忠诚度、内容质量和产品吸引力的重要标准。

传统媒体时代的用户参与度相对有限，通常通过收视率、杂志订阅量和听众数量等指标来衡量。这些指标虽然能够反映用户群体的规模，但难以深入了解用户的实际互动和参与情况。

随着互联网和社交媒体的兴起，用户参与度的概念得到了极大的扩展。现在，用户参与度包括点赞、评论、分享、页面浏览时间、重复访问频率、内容创造（如博客文章、视频上传）等多种形式。这些参与行为为企业提供了丰富的数据，帮助它们更好地理解用户需求和偏好，从而优化产品和服务。

在新闻和媒体行业，用户参与度被视为内容质量和影响力的指标。用户评论和分享新闻文章的行为，不仅增加了内容的可见度，也促进了公众讨论，有助于形成社会共识。新闻机构通过分析用户参与数据，可以调整报道策略，增强新闻内容的吸引力和相关性。

　　在广告领域，用户参与度是衡量广告效果的关键。广告商通过追踪用户对广告的点击率、观看时长和互动行为，来评估广告的吸引力和转化潜力。高用户参与度通常意味着广告内容能够引起用户的兴趣和情感共鸣，从而提高品牌认知度和销售转化率。

　　对于在线零售商而言，用户参与度是提高客户保留率和促进复购的关键。通过分析用户的浏览行为、购物车添加情况和产品评价，零售商可以优化产品列表和推荐算法，提供个性化的购物体验，增强用户黏性。

　　社交网络平台的用户参与度尤为重要。平台通过激励用户生成内容、参与讨论和分享信息，来提高用户停留时间和平台活跃度。高参与度不仅能带来更多的广告收入，也能增强平台对用户的吸引力，形成良性的增长循环。

　　提高用户参与度也面临着不利因素。信息过载和竞争激烈的环境使得用户的注意力变得更加宝贵和稀缺。此外，用户参与度的追求有时会导致内容质量的下降，因为一些平台可能会倾向于推广轻浮、耸人听闻或极端的内容以吸引用户眼球。

　　为了建立健康的用户参与环境，需要制定相应的策略和规范。这包括提供高质量和相关性强的内容，建立积极的指导原则，以及使用先进的数据分析工具来理解用户行为。此外，为了防止操纵用户参与度的行为，需要对用户数据进行透明管理，并确保用户隐私的保护。

5.2 传播效果差异

5.2.1 传统媒体的传播效果

（1）对公众意见形成的长期影响

传统媒体，包括报纸、广播和电视，长期以来一直是公众获取信息和形成意见的主要渠道。这些媒体的内容和呈现方式对公众意见具有深远的影响，因为它们在很大程度上塑造了人们对世界的认知和理解。

首先，传统媒体通过其对新闻价值的评估，决定了哪些事件和话题值得被报道，从而在公众议程上发挥了显著的设置作用。这种议程设置功能意味着媒体通过选择性地报道某些话题，同时可能忽略或较少报道其他话题，进而影响了公众对社会问题的关注程度和优先顺序。例如，在环境问题上，如果传统媒体持续报道关于全球变暖的影响和科学研究，公众可能会将环境保护视为一个紧迫的问题，而这种关注可能会导致对环保政策的支持增加。相反，如果媒体对这些问题报道较少，公众可能就不会把环境问题视为优先解决的议题。通过这样的议程设置功能，传统媒体在塑造公众对于何种问题应当被优先考虑方面发挥了关键作用。

其次，传统媒体在报道时所采用的特定角度和框架对公众意见产生了深远的影响。新闻报道倾向于通过一定的叙事框架来呈现信息，这有助于公众理解复杂的事件，但同样这些框架也可能塑造或者限制了人们对于事件的全面理解。例如，如果传统媒体在报道极端天气事件时，将其框架为"自然灾害"或"不可预见的事件"，公众可能会更倾向于将这些事件视为不可避免的自然现象，而非与气候变化有关的问题。这可能导致公众对于采取行动来应对气候变化的紧迫性缺乏认识。然而，如果媒体在报道极端天气事件时，强调其与全球气候变化的关联，比如将其框架为"气候变化的直接后果"，那么公众可能会更倾向于支持政府采取更积极的环保政策和气候行动。这个说明了媒体如何通过选择特定的叙事框架，影响公众对于复杂问题如气候变化的理解和看法。

再者，传统媒体的权威性和信任度在很大程度上影响了公众意见的形成。多年来，报纸和电视新闻等被视为可靠的信息来源，因此它们对公众的影响力较大。当媒体报道某一事件时，公众往往会接受这些报道，并将其视为事实的反映。这种信任关系使得传统媒体在塑造公共话语和意见方面占据了核心位置。

传统媒体还通过长期的重复报道，加强了特定观点和意见的有效性。重复的信息更容易被人们记住，并且随着时间的推移，这些信息可能变成公众认同的"常识"。例如，过去几十年里，媒体普遍宣传低脂饮食对健康的益处，这种信息被反复强调并广泛传播。这导致了公众普遍认为所有脂肪都是不健康的，而忽视了不同类型的脂肪（如饱和脂肪和不饱和脂肪）对健康的不同影响。这种长期的重复报道使得"低脂等于健康"这一观念深入人心，成了许多人的"常识"。然而，近年来的研究表明，适量的健康脂肪（如鱼类和坚果中的不饱和脂肪）对健康有益，而过度的糖分摄入才可能是导致肥胖和心脏病等问题的主要原因。

传统媒体的编辑室文化和价值观也对新闻内容和公众意见产生了长期影响。编辑和记者的个人信仰、政治倾向和文化背景会影响新闻的选择、报道的角度和呈现的方式。这些因素在不知不觉中塑造了公众对某些议题的看法和态度。

随着数字化时代的到来，传统媒体的影响力开始受到挑战。互联网和社交媒体的兴起为公众提供了更多样化的信息来源和观点，这使得公众意见的形成变得更加复杂和多元。尽管如此，传统媒体仍然在很多社会和年龄群体中保持着重要的影响力，并继续对公众意见的长期形成产生影响。

（2）对社会稳定的维护作用

传统媒体在维护社会稳定中起着至关重要的作用。这种作用主要表现在以下几个方面：

第一，传统媒体是公众获取信息的主要渠道。通过报道国内外的新闻事件，传统媒体帮助公众了解世界的发展和变化，使社会成员能够基于事实和信息做出决策。这种信息传播功能对于社会稳定至关重要，因为信息的公开和透明可以防止谣言和误解的传播，从而减少社会冲突和矛盾。

第二，传统媒体通过塑造公共议程，影响社会关注的焦点。媒体的报道选择和角度可以引导公众关注特定的社会问题，从而引导社会资源和政策的分配。这种议程设置功能有助于社会的和谐稳定，因为它可以帮助社会集中力量解决重要问题，而不是被边缘或次要问题分散注意力。

第三，传统媒体通过传播价值观和社会规范，对社会秩序的维护起到关键作用。媒体的报道和评论不仅传播信息，也传播价值观和观念，影响公众的道德判断和行为规范。这种价值引导功能对于社会稳定至关重要，因为它可以促进社会成员的道德行为，减少违法犯罪，维护社会秩序。

第四，传统媒体通过提供公共讨论的平台，促进社会对话和理解。媒体的评论、访谈和辩论节目可以让不同观点和立场的人进行交流和对话，从而增进理解，减少冲突，促进社会稳定。

5.2.2 新媒体的传播效果

（1）快速引发公众关注

新媒体的快速传播和广泛覆盖使其在吸引公众关注方面具有独特的优势。

一是新媒体的实时性使得信息能够迅速传播。传统媒体的报道需要经过编辑、审查和排版等步骤，而新媒体可以实时发布信息，使得新闻和事件能够在第一时间引发公众关注。例如，社交媒体上的热门话题和趋势标签可以迅速集中公众的目光，使得某个事件或议题在短时间内得到广泛的关注。

二是新媒体的互动性使得公众能够参与到信息的传播和讨论中来。在新媒体平台上，用户不仅可以接收信息，还可以分享、评论和转发信息，使得信息的传播更加快速和广泛。这种用户参与的机制使得新媒体能够迅速引发公众关注，甚至可能引发社会变革。

三是新媒体的个性化和定制化功能使得信息能够更有效地触达目标受众。新媒体平台可以根据用户的兴趣和行为历史推送相关的信息，使得信息能够更有效地引起用户的关注。这种个性化的信息推送机制使得新媒体能够在大量的信息中突出重要的议题，引发公众关注。

四是新媒体的全球化和无边界性使得信息能够跨越地域和文

化的限制，引发全球范围的关注。新媒体的信息可以在全球范围内迅速传播，使得一个地方的事件或议题能够引发全球的关注。这种全球化的信息传播机制使得新媒体能够在全球范围内引发公众关注。

新媒体通过实时性、互动性、个性化和全球化等特点，能够迅速引发公众关注。然而，新媒体的这些特点也带来了信息过载、虚假信息和隐私泄露等问题，因此需要媒体素养和批判性思维来辨别和处理信息，以确保新媒体的正面影响。

（2）形成舆论的速度快、范围广

新媒体的特点使其在形成舆论的速度和范围上具有独特的优势。

第一，新媒体的实时性和互动性使得舆论能够迅速形成。在新媒体平台上，信息可以实时发布和更新，用户可以立即对信息进行评论和分享，这使得新的观点和态度能够在短时间内得到广泛的传播和接受，从而迅速形成舆论。例如，社交媒体上的热门话题和趋势标签可以迅速集中公众的目光，使得某个事件或议题在短时间内形成强烈的舆论。

第二，新媒体的广泛覆盖和全球化使得舆论能够广泛传播。新媒体的信息可以在全球范围内迅速传播，使得一个地方的事件或议题能够引发全球的关注，从而形成广泛的舆论。例如，假设某个国家或地区发生了一次大规模的自然灾害，如地震或洪水，这个消息可以通过新媒体迅速传播到全球，人们可以在社交媒体上看到灾区的实时图片和视频，了解灾情的最新动态，同时也可以看到全球各地的人们对此事件的关注和评论。这样，一个地方的自然灾害就能在短时间内引发全球的关注，形成全球性的舆论，进而可能促成国际社会的援助行动。

第三，新媒体的个性化和定制化功能使得舆论能够更有效地触达目标受众。新媒体平台可以根据用户的兴趣和行为历史推送相关的信息，使得舆论能够更有效地引起用户的关注和响应。这种个性化的信息推送机制使得新媒体能够在大量的信息中突出重要的议题，引发公众关注，从而迅速形成舆论。

但是，新媒体在形成舆论的速度和范围上的优势也带来了一些问题。例如，新媒体的实时性和互动性可能导致信息的质量和准确性受到影响，造成谣言和误解的传播。新媒体的广泛覆盖和全球化可能导致文化和价值观的冲突，造成社会矛盾和冲突。新媒体的个性化和定制化可能导致信息的过度个性化和分割，造成公众的分化和极化。

5.2.3 效果差异带来的社会影响

（1）舆论的形成和演变

随着互联网的普及和新媒体的兴起，传统媒体和新媒体在舆论形成和演变方面的效果差异日益显现。

一是传统媒体和新媒体在传播速度和范围上的差异。传统媒体如报纸、电视、广播等，其传播速度相对较慢，受地域限制较大。而新媒体如互联网、社交媒体等，传播速度极快，可以实现全球范围内的实时传播。这种差异使得新媒体在舆论形成和演变中具有更大的优势，能够迅速汇聚各方观点，推动舆论的发展。

二是传统媒体和新媒体在信息来源和传播方式上的差异。传统媒体的信息来源相对单一，主要依赖于记者、编辑等专业人士的采集和加工。而新媒体的信息来源多样化，用户可以随时随地发布信息，实现信息的"去中心化"传播。这种差异使得新媒体在舆论形成和演变中更具包容性，有利于不同声音的表达和传播。

三是传统媒体和新媒体在舆论引导和控制方面的差异。传统媒体具有较强的舆论引导和控制能力，可以通过报道选题、版面安排、评论导向等方式，对舆论进行有效引导。而新媒体的舆论引导和控制相对较弱，用户可以自由发表观点，容易导致舆论分散和极端化。这种差异使得新媒体在舆论形成和演变中可能出现"舆论泡沫"现象，即少数观点在网络上被过度放大，影响社会稳定。

四是传统媒体和新媒体在受众参与度和互动性上的差异。传统媒体的受众参与度相对较低，互动性较差。而新媒体的受众参与度极高，用户可以通过评论、转发、点赞等方式，实现与媒体和其他用户的互动。这种差异使得新媒体在舆论形成和演变中更具活力，有利于挖掘和传播社会热点问题。

传统媒体和新媒体在舆论形成和演变方面的效果差异，对社会产生了深远影响。新媒体的快速发展，既为舆论传播提供了更广阔的平台，也带来了一系列挑战。为此，我们应关注新媒体环境下舆论生态的变化，加强舆论引导和管理，营造健康、有序的网络空间。同时，传统媒体和新媒体应相互借鉴、融合发展，共同推动舆论环境的优化和社会的和谐发展。

（2）对突发公共事件的应对和处理

传统媒体和新媒体在处理突发公共事件时展现出不同的特点和优势。传统媒体主要包括报纸、电视、广播等形式，而新媒体则涵盖了互联网、社交媒体等数字化平台。在面对突发公共事件时，两者各有利弊，下面将对它们的应对和处理进行比较分析。

第一，传统媒体在处理突发公共事件时具有一定的优势。传统媒体拥有广泛的传播渠道和深厚的历史积累，可以通过报纸、电视、广播等渠道迅速传播信息，覆盖面广。传统媒体通常有专业的记者团队和编辑部门，能够提供深度报道和分析，为公众提供全面、权威的信息。此外，传统媒体在处理突发公共事件时往往更加稳健和审慎，能够避免虚假信息和谣言的传播，保障信息的准确性和可靠性。

第二，随着新媒体的兴起，其在处理突发公共事件中也展现出独特的优势。新媒体具有实时性强、互动性强的特点，能够迅速响应突发公共事件并传播信息。通过社交媒体平台，个人用户也可以成为信息的传播者，形成多对多的信息传播网络，加速信息的传播速度。此外，新媒体还可以实现信息的个性化推送，根据用户的偏好和兴趣向其推送相关信息，提高信息的传达效果。

新媒体在处理突发公共事件时也存在一些不利因素。由于信息的传播速度快，新媒体上的信息可能缺乏深度和客观性，容易引发恐慌和误解。同时，新媒体上的信息真实性难以保障，虚假信息和谣言往往会通过新媒体迅速传播，影响公众的判断和决策。

传统媒体和新媒体在处理突发公共事件时各有优势和劣势。传统媒体注重深度报道和可靠性，能够提供权威的信息，而新媒体则注重实时性和互动性，能够迅速传播信息并实现个性化推送。在实际应对突发公共事件时，传统媒体和新媒体可以相互补充，共同发挥各自的优势，为公众提供全面、及时、准确的信息，帮助公众更好地理解和应对突发公共事件。

（3）社会秩序的维护

传统媒体和新媒体在维护社会秩序方面发挥着不同但互补的作用。传统媒体如报纸、电视和广播等传统形式，具有深厚的历史积累和权威性，可以通过深度报道和审慎传播信息来维护社会秩序。新媒体如社交媒体、网络新闻等数字化平台则具有实时性和互动性，能够迅速传播信息并促进公众参与，从而在维护社会秩序方面发挥重要作用。

传统媒体在维护社会秩序方面具有以下优势：

一是深度报道和权威性：传统媒体通常有专业的记者团队和编辑部门，能够进行深度报道和分析，提供客观、准确的信息。这有助于公众了解事件背景、真相和影响，有利于维护社会秩序。

二是稳健审慎：传统媒体在报道新闻时往往更加稳健和审慎，避免虚假信息和谣言的传播。这有助于减少社会恐慌和混乱，维护社会的稳定和秩序。

三是社会监督作用：传统媒体可以通过调查报道和舆论监督，揭露问题和不正之风，促进社会公正和规范。这有助于维护社会的公平和秩序。

而新媒体在维护社会秩序方面也具有独特的作用：

一是实时传播和互动参与：新媒体能够实现信息的实时传播，迅速响应突发公共事件，引导公众关注和参与。公众可以通过社交媒体平台表达观点、分享信息，促进社会舆论的形成和传播，有助于维护社会秩序。

二是多元化声音和信息传播：新媒体上的信息传播更加多元

71

化，不同声音和观点都有机会被传播和听到。这有助于促进社会对话和理解，减少信息的单一性和偏见，有利于维护社会的和谐和秩序。

三是紧急事件应急响应：新媒体在紧急事件发生时能够迅速传播警报信息、提供救援指南等实用信息，帮助公众及时应对危机，维护社会的安全和秩序。

综合而言，传统媒体和新媒体在维护社会秩序方面各有优势，可以相互补充，共同发挥作用。传统媒体注重深度报道和权威性，能够提供可靠的信息和舆论引导；新媒体注重实时性和互动性，能够促进公众参与和多元声音传播。通过综合利用传统媒体和新媒体的优势，可以更好地维护社会秩序，促进社会的稳定和发展。

第六章

传统媒体与新媒体报道
突发公共事件的策略分析

突发公共事件因其突发性、复杂性、破坏性、不确定性，会在短时间内成为社会关注的焦点，引发高度关注，如果新闻报道处理不当，还会造成舆情等"次生灾害"。本章将比较传统媒体与新媒体在突发公共事件中的传播差异，从而汲取两者的优势，为今后突发公共事件的应对和处理提供借鉴参考。

6.1 突发公共事件

6.1.1 概念及其分类

（1）突发公共事件的相关概念

突发公共事件，顾名思义，是指突然发生的带有公共性质的事件，是突发公共事件与公共事件的总称。2006 年 1 月 8 日，国务院下发的《国家突发公共事件总体应急预案》对突发公共事件进行了详细定义，即"突然发生，造成或者可能造成重大人员伤亡、财产损失、生态环境破坏和严重社会危害，危及公共安全的紧急事件"。

（2）突发公共事件的分类

《中华人民共和国突发公共事件应对法》（2007）和《国家特别重大、重大突发公共事件分级标准（试行）》（2008）都将突发公共事件划分为四类，即自然灾害、事故灾难、公共卫生事件和社会安全事件四大类突发公共事件。

6.1.2 突发公共事件的特点及影响

国内学者薛澜教授认为突发公共事件是突然发生且紧急，已经或可能造成重大社会威胁或危害的事件。就突发公共事件的特点，国家应急条例认为该类事件具有突发性、复杂性、破坏性和持续性等特点，学者姚广宜认为突发公共事件具有不确定性、危害性甚至灾难性，能在短时间里成为社会关注的焦点，引发公众的高关注度。

本书认为突发公共事件具有如下特征：

一是突发性。突发公共事件通常是在人们没有做好准备的情况下发生的。它们可能以各种方式在不同的时间和空间中发生，对社会造成不同程度的影响，因此难以预测。

二是复杂性。突发公共事件涉及的因素比较复杂，包括各种行政机构、公众和第三方组织之间的矛盾，从而呈现出相互作用和相互联系的复杂状态。

三是破坏性。突发公共事件会对各个方面造成破坏，包括公共财产、人员的生命安全以及公众的心理情绪，对不同的环境产生不同的破坏，影响社会稳定。

四是持续周期性。一般包括潜伏期、高潮期、影响期和消退期。

　　五是社会性。突发公共事件会给整个社会体系中的行为准则和价值观带来影响，公众会高度关注事件的发展，甚至会产生情绪。

　　六是不确定性。突发公共事件的状态和变化都是不确定的，而且可能会在不同地区和地域之间传播，造成更大的影响。

　　突发公共事件不但给人类社会造成沉痛的灾难和巨大的财产损失，而且会次生或衍生很多其他事件，舆情传播事件就是其中之一。从突发公共事件的爆发时间节点开始，到突发公共事件被人们完全认知的时间节点之前，人们出于对自身利益、个人好奇心理、社会责任感的诉求促使他们通过各种途径无意或刻意煽动舆情传播的形成和演进。

　　就拿 2018 年 10 月 28 日上午，重庆公交坠江事故来说，事故还未查明之前，就有网友对女司机"刻板印象"，评论说这起车祸的原因是一名女司机逆行所造成的，这引得舆论山呼海啸般地对所谓"肇事女司机"予以谴责。直到当天下午五点，警方发布公告："经初步事故现场调查，系公交客车在行驶中突然越过中心实线，撞击对向正常行驶的小轿车后冲上路沿，撞断护栏，坠入江中。"原本一直在口诛笔伐女司机的网络大 V 以及自媒体们都纷纷或改了口径或直接删稿。

　　在这个事故中，除了自媒体，主流媒体的报道也存在不当之处。多家主流媒体在报道此事时，标题中均带有"轿车逆行""女司机逆行"等字眼，如新京报发文《重庆一公交与逆行轿车相撞后坠江，女司机被控制，动画示意路线图》，北京青年报发文《重庆万州 22 路公交车坠江，疑因一女司机驾驶私家车导致》，郑州日报发文《轿车女司机被控制！重庆一公交车与逆行轿车相撞坠江，水上搜救正在进行中》，导致涉事女司机成为众矢之的，成为网民痛骂的对象。

原本是一起惨痛的坠江事故，却演变成对"女司机"的舆论审判，最后发现"女司机"不是肇事者而是受害者。因此，在突发公共事件出现后，及时的舆论引导至关重要，这也为政府有关部门的应急决策制定以及新闻媒体报道提出了严峻的挑战和严格的要求。

6.2 传统媒体和新媒体做好突发公共事件报道的具体措施

6.2.1 传统媒体的应对措施

（1）提高报道的时效性

传统媒体在提高报道的时效性方面可以采取一系列有效措施，以适应信息传播的快速变化和社会需求的不断增长。以下是一些传统媒体可以采取的措施：

建立快速响应机制：传统媒体可以建立快速响应机制，设立专门的突发公共事件报道团队，以便在事件发生时能够迅速采集、整理和发布相关信息。这样可以缩短报道的时间周期，提高报道的时效性。

加强现场报道能力：传统媒体可以加强现场报道能力，增加记者人员和设备投入，确保在事件发生地第一时间获取现场情况并进行报道。现场报道能够使新闻更加生动真实，也能够提高报道的时效性。

优化编辑流程：传统媒体可以优化编辑流程，简化审批程序，提高新闻稿件的处理效率。通过优化流程，可以缩短新闻报道的制作时间，加快信息传播速度。

加强数字化转型：传统媒体可以加强数字化转型，利用互联网和新技术手段，实现新闻生产、编辑和发布的自动化和智能化。数字化转型可以提高工作效率，缩短报道的生产周期，从而提高报道的时效性。

建立联合报道机制：传统媒体可以与其他媒体或新闻机构建立联合报道机制，共享资源和信息，实现信息的快速共享和传播。通过联合报道，可以整合各方优势，提高报道的时效性和覆盖范围。

加强社交媒体运用：传统媒体可以加强在社交媒体平台上的运用，通过社交媒体实现新闻内容的快速传播和互动，提高报道的时效性和影响力。同时，可以借助社交媒体平台获取公众反馈和意见，及时调整报道方向。

持续培训记者团队：传统媒体可以持续培训记者团队，提升他们的新闻素养和应对突发公共事件的能力。培训可以让记者更加敏锐和专业地捕捉事件信息，保证报道的时效性和准确性。

通过以上措施，传统媒体可以有效提高报道的时效性，适应信息传播的快速变化和社会需求的不断增长。这样不仅能够更好地满足公众对新闻信息的需求，也能够提升传统媒体在竞争激烈的新闻市场中的竞争力，保持其在社会信息传播中的重要地位。

（2）加强与新媒体的互动合作

　　加强传统媒体与新媒体的互动合作是提升信息传播效率、拓展受众群体、增强竞争力的重要举措。通过合作，传统媒体可以借助新媒体的优势，如实时传播、互动参与和多元化信息传播，提高报道的时效性和吸引力。以下是一些加强传统媒体与新媒体互动合作的有效措施：

　　建立跨平台内容共享机制：传统媒体可以与新媒体平台建立内容共享机制，互相分享新闻资源和报道内容。通过跨平台内容共享，可以扩大信息覆盖范围，吸引更多受众，提高报道的影响力。

　　共同举办活动和项目：传统媒体与新媒体可以共同举办各类活动、项目或线上线下互动，如讨论会、论坛、直播等，以增加互动性和参与度。这种合作方式可以促进双方资源共享，提升品牌知名度和影响力。

　　开展跨界合作报道：传统媒体与新媒体可以开展跨界合作报道，共同探讨重大议题、深度报道事件，结合传统媒体的专业性和新媒体的创新性，提供更丰富、多维度的报道内容，吸引更多读者和观众。

　　共同推广优质内容：传统媒体与新媒体可以共同推广优质内容，相互引流，提升互联网用户对传统媒体的认知和关注度。通过共同推广，可以吸引更多受众，提高传统媒体的影响力和市场竞争力。

　　互相学习与交流：传统媒体与新媒体可以开展员工培训、经验交流等活动，相互学习对方的优势和经验，提升自身的新闻报道能力和创新意识。这种互相学习与交流可以促进双方的共同进步，推动传统媒体与新媒体的融合发展。

建立互动平台和机制：传统媒体可以在自身平台上设立互动专区或开展在线互动活动，与新媒体用户进行互动交流，倾听用户意见和建议，提高用户参与感和满意度。这种互动机制可以增强传统媒体与受众之间的互动关系，提升用户黏性和忠诚度。

通过加强传统媒体与新媒体的互动合作，双方可以充分发挥各自优势，实现资源共享、互惠互利，提高报道的时效性、多样性和吸引力，进一步拓展受众群体，增强竞争力，推动传统媒体与新媒体的融合发展，适应信息传播的新形势，促进传媒行业的健康发展。

（3）增强内容的吸引力和可信度

传统媒体在当今信息爆炸的时代，面临着新媒体的竞争和挑战。为了应对这一挑战，传统媒体需要不断提升内容的吸引力和可信度，以吸引更多读者和观众，保持其在信息传播领域的竞争力。以下是一些传统媒体可以采取的措施来增强内容的吸引力和可信度：

深度报道和分析：传统媒体可以加大对重大事件和议题的深度报道和分析力度，提供更具价值和独特性的内容。通过深度报道，可以吸引读者和观众的注意，增强内容的吸引力和可信度。

确保新闻准确性和权威性：传统媒体应该严格把关新闻报道的准确性和权威性，确保报道内容真实可靠。建立严格的新闻采编标准和审核机制，提高新闻报道的可信度，赢得读者和观众的信任。

多元化内容形式：传统媒体可以通过多元化的内容形式，如视频、音频、图文结合等，提升内容的吸引力。不同形式的内容可以满足不同受众的需求，增加内容的多样性和趣味性。

加强社会责任报道：传统媒体可以加强社会责任报道，关注社会公益事业和民生问题，提升内容的社会关注度和影响力。通过社会责任报道，传统媒体可以树立良好的社会形象，增强可信度和吸引力。

与专家合作：传统媒体可以与专家学者、行业领袖等专业人士合作，邀请他们撰写专栏文章或参与节目讨论，提供权威专业的观点和分析。专家合作可以提升内容的专业性和可信度，吸引更多读者和观众。

开展读者互动：传统媒体可以开展读者互动活动，如征集读者投稿、举办读者讨论会等，增强读者参与感和互动性。读者互动可以使内容更贴近读者需求，提高吸引力和可信度。

持续创新和优化：传统媒体应不断进行创新和优化，适应读者和观众的需求变化。通过引入新的报道方式、内容形式和技术手段，传统媒体可以提升内容的吸引力和可信度，保持竞争力。

综上，传统媒体可以不断提升内容的吸引力和可信度，吸引更多读者和观众，保持其在信息传播领域的竞争力和影响力。同时，增强内容的可信度也有助于建立传统媒体的良好声誉，赢得公众信任，推动传统媒体的可持续发展。

6.2.2 新媒体的应对措施

（1）提升信息审核的标准和流程

在新媒体时代，信息的快速传播和大量涌入给信息审核带来了挑战。为了提升信息审核的标准和流程，新媒体可以采取以下有效措施：

建立严格的审核标准：新媒体应该建立严格的信息审核标准，明确什么样的信息可以发布，什么样的信息需要进一步核实。审核标准应包括信息真实性、准确性、权威性等方面的要求，确保发布的信息符合专业标准。

设立审核流程和机制：新媒体应该建立完善的信息审核流程和机制，明确信息审核的责任人、审核流程和审核环节。审核流程应该包括信息采集、核实、编辑、审查等环节，确保每一步都有严格的审核和把关。

加强编辑团队建设：新媒体可以加强编辑团队的建设，提高编辑人员的专业素养和审核能力。编辑团队应该具备丰富的行业知识和信息核实技能，能够及时准确地判断信息的真实性和价值。

利用技术手段辅助审核：新媒体可以利用技术手段，如人工智能、大数据分析等，辅助信息审核工作。通过技术手段的支持，可以提高审核效率和准确性，及时发现和处理虚假信息。

建立反馈机制：新媒体应该建立信息审核的反馈机制，接受读者和观众的监督和意见反馈。读者和观众可以举报虚假信息或错误信息，新媒体应及时核实并作出处理，增强信息审核的透明度和公信力。

加强合作与交流：新媒体可以与其他媒体、专业机构等建立合作关系，共同开展信息审核工作。通过合作与交流，可以分享资源和经验，提升信息审核的水平和效果。

持续培训和学习：新媒体应该为编辑人员提供持续的培训和学习机会，不断提升他们的信息审核能力和水平。培训内容可以包括信息核实技巧、新闻伦理规范、虚假信息识别等方面，帮助编辑人员提高审核标准。

通过以上方式，新媒体可以提升信息审核的标准和流程，确保发布的信息真实可靠，赢得读者和观众的信任和支持。提高信息审核的水平不仅有助于新媒体提升内容质量和可信度，也有助于维护社会秩序和公共利益，推动新媒体行业的健康发展。

（2）加强用户素养教育

在新媒体时代，加强用户素养教育是至关重要的，可以帮助用户更好地理解和利用新媒体，提高信息获取和传播的质量。以下是一些新媒体可以采取的措施来加强用户素养教育：

推广媒体素养教育活动：新媒体可以组织各类媒体素养教育活动，如讲座、研讨会、培训班等，向用户普及媒体素养相关知识。这些活动可以帮助用户了解如何正确理解新闻信息、识别虚假信息、保护个人隐私等重要内容。

开展在线教育课程：新媒体可以开展在线教育课程，通过网络平台向用户提供媒体素养教育课程。这些课程可以涵盖新闻素养、数字素养、网络安全等内容，帮助用户提升对新媒体的认知和运用能力。

提供信息素养指南：新媒体可以编制信息素养指南，向用户介绍如何正确使用新媒体工具、评估信息真实性、参与网络社区等技能。这些指南可以帮助用户更好地应对信息过载和信息混乱的挑战。

开展互动活动：新媒体可以通过社交媒体平台开展互动活动，邀请用户参与讨论和分享媒体素养经验。在互动活动中，用户可以相互学习、交流经验，共同提升媒体素养水平。

强调信息分享和转发责任：新媒体可以强调用户在分享和转发信息时的责任，提醒用户要审慎对待信息来源和内容，避免传播虚假信息和不实言论。通过强调责任意识，可以帮助用户更加理性地使用新媒体。

加强网络安全教育：新媒体可以加强网络安全教育，向用户传授如何保护个人隐私、防范网络诈骗等知识。网络安全教育是用户素养教育中至关重要的一环，可以帮助用户更安全地使用新媒体。

建立用户反馈机制：新媒体可以建立用户反馈机制，接受用户关于媒体素养教育的意见和建议。通过用户反馈，新媒体可以及时调整教育内容和方式，提升教育效果。

综上，新媒体可以帮助用户更好地适应新媒体环境，提高信息素养和网络素养水平，有效应对信息泛滥和虚假信息传播的挑战。同时，提升用户素养也有助于建立更加健康、理性的网络环境，推动新媒体行业的可持续发展。

（3）利用技术手段控制谣言和错误信息的传播

在当今信息爆炸的时代，谣言和错误信息的传播已成为一个严重的社会问题，影响公众的判断和决策。新媒体可以利用各种技术手段来控制谣言和错误信息的传播，以下是一些有效的措施：

自动化识别技术：新媒体可以利用自动化识别技术，如机器学习和自然语言处理，快速识别谣言和错误信息。这些技术可以帮助新媒体迅速发现虚假信息并加以处理，提高信息审核的效率。

数据分析工具：利用数据分析工具可以对信息传播的模式和趋势进行分析，帮助新媒体更好地了解谣言和错误信息的传播路径和规律。通过数据分析，可以及时采取相应措施来控制谣言的传播。

社交网络监控系统：建立社交网络监控系统可以实时监测社交媒体平台上的信息流动，发现潜在的谣言和错误信息。一旦发现异常信息，系统可以立即报警并进行处理，防止谣言进一步传播。

网络舆情分析工具：利用网络舆情分析工具可以对网络舆情进行监测和分析，及时发现谣言和错误信息的传播情况。通过舆情分析，新媒体可以制定针对性的对策，控制谣言的传播范围。

合作建立事实核查机构：新媒体可以与事实核查机构合作，共同建立事实核查平台，对疑似谣言和错误信息进行核实和辟谣。事实核查机构的专业性可以帮助新媒体更准确地判断信息的真实性。

加强人工审核：尽管技术手段可以提高效率，但人工审核仍然至关重要。新媒体应加强编辑团队的人工审核能力，对疑似谣言和错误信息进行深入核实，确保信息的准确性。

推广真实信息优质内容：新媒体可以通过推广真实信息和优质内容，减少用户对虚假信息的依赖和传播。通过提供有价值的内容，可以有效遏制谣言和错误信息的传播。

建立用户举报机制：新媒体可以建立用户举报机制，鼓励用户积极举报虚假信息和谣言。及时处理用户举报可以帮助新媒体快速发现并处理虚假信息。

以上多种措施，新媒体可以更有效地控制谣言和错误信息的传播，提升信息质量和可信度，维护公众利益和社会秩序。同时，这些措施也有助于推动新媒体行业的健康发展，促进社会信息环境的改善。

6.3 多措并举提升突发公共事件新闻报道水平

通过以上分析可知，在面对突发公共事件的新闻报道时，采取一系列有效措施至关重要，以确保报道的准确性、全面性和及时性，同时引导公众理性看待事件并提供必要的帮助和支持。

6.3.1 借助媒体融合加强报道的时效性

在当今信息爆炸的时代，媒体融合已成为突发公共事件新闻报道中不可或缺的重要手段。借助媒体融合，可以加强报道的时效性，让信息得以快速传播和更新，引起更广泛的关注和参与，从而提升报道的影响力和效果。

媒体融合的优势在于能够整合传统媒体和新媒体的特点，发挥各自优势，实现信息的多渠道传播和即时更新。传统媒体如电视、广播和报纸具有深度和权威性，而新媒体如社交媒体、新闻客户端则具有快速传播和互动性的特点。通过结合这些媒体的优势，可以更好地满足不同受众群体的需求，提高报道的质量和效率。

在突发公共事件新闻报道中，媒体融合的方式能够带来诸多益处。首先，通过社交媒体平台，新闻可以实现实时更新，将最新进展第一时间传达给公众，使公众能够及时了解事件动态，增强信息的时效性。其次，新媒体的互动性能够促进公众参与和互动，让公众能够表达自己的看法和意见，增加新闻报道的互动性和参与感。此外，媒体融合还能够拓展报道的覆盖范围，吸引更多不同背景和兴趣的受众，提高报道的影响力和曝光度。

在实际操作中，媒体融合需要媒体机构充分利用各种媒体平台，建立起协同工作的机制，确保信息的一致性和准确性。同时，媒体从业者需要具备跨媒体报道的能力，能够灵活运用不同媒体的特点，将信息以多样化的形式呈现给受众。此外，媒体融合还需要加强对新技术的应用，如人工智能、大数据分析等，以提高报道的效率和质量。

通过充分利用传统媒体和新媒体的优势，实现信息的快速传播和更新，可以提高报道的时效性和影响力，引起更多关注和参与，为公众提供更为全面和及时的新闻信息，推动社会舆论的理性发展。

6.3.2 提高突发公共事件报道深度与广度

在突发公共事件报道中，除了追求新闻速度外，提高报道的深度与广度也至关重要。深度与广度的报道不仅能够帮助公众更全面地了解事件的来龙去脉，还能够引导公众形成更为深刻和全面的认知，促进社会对事件的更好理解和应对。

提高报道的深度意味着不仅停留在对事件表面的报道，还要要深入挖掘事件背后的原因、影响及解决方案。通过深度报道，可以帮助公众更好地理解事件发生的背景和原因，从而形成更为深刻的认知。深度报道还能够揭示事件可能产生的长期影响，引起公众的关注和警惕，促使社会更加重视事件的解决和预防。

在提高报道的广度方面，除了关注事件本身，还应该从多个角度进行报道，包括不同利益相关者的观点和声音。通过多角度报道，可以帮助公众更全面地了解事件的各个方面，避免片面性和主观性的报道，使报道更具客观性和权威性。同时，多角度报道还能够激发公众的思考和讨论，促进对事件的深入思考和探讨，为社会提供更为丰富和多元的信息。

为了提高突发公共事件报道的深度与广度，媒体应该注重以下几个方面的工作。首先，要加强新闻采编团队的专业化建设，提高记者的采访和分析能力，确保报道的深度和准确性。其次，要加强与专家学者的合作，邀请专业人士进行深度解读和分析，为报道提供更为权威和专业的观点。此外，要注重多方资源整合，利用各种信息来源和渠道，获取更全面和权威的信息，为报道提供更为丰富和多元的内容。

总之，提高突发公共事件报道的深度与广度是媒体责任的体现，也是媒体提升自身影响力和公信力的重要途径。通过具备深度与广度的报道，媒体可以帮助公众更全面地了解事件的来龙去脉，形成更为完整和深刻的认知，引导社会对事件做出理性的判断和回应，推动社会向更好的方向发展。

6.3.3 重视与坚持正确的舆论引导

在报道突发公共事件时，重视并坚持正确的舆论引导是媒体不可或缺的责任和使命。媒体作为信息传播的重要渠道，应当秉持客观、公正、准确的原则，避免过度渲染和不实报道，以引导舆论向理性、积极的方向发展，防止造成不良影响和社会动荡。

正确的舆论引导首先要求媒体在报道突发公共事件时保持客观和公正。媒体应该以事实为依据，避免夸大事实、断章取义或歪曲事实，确保报道的准确性和客观性。只有通过客观公正的报道，才能让公众获得真实的信息，形成正确的认知，避免被误导或误解，从而引导舆论向正确的方向发展。

其次，媒体在舆论引导中应避免过度渲染和炒作。在报道突发公共事件时，媒体应保持冷静和理性，避免过度夸大事件的影响和后果，以免引发公众恐慌和不必要的社会动荡。过度渲染往往会导致信息失衡，误导公众的判断和行为，甚至加剧事件的恶化和扩大化，对社会稳定和公共秩序造成负面影响。

另外，正确的舆论引导也需要媒体在报道中注重引导公众思考和理性表达观点。媒体应该提供多角度、全面性的报道，让公众能够从不同角度审视事件，形成独立思考和理性判断。同时，媒体也应该鼓励公众就事件进行理性讨论和表达意见，促进公众之间的交流和互动，形成共识和共同行动。

在舆论引导中，媒体的角色至关重要。媒体作为信息传播的主要平台，承担着向公众传递信息、引导舆论的重要责任。媒体应该谨慎处理信息，确保报道的真实性和客观性，避免散播谣言和不实信息，以免误导公众和加剧社会紧张氛围。同时，媒体也应该积极引导公众关注社会正能量，传播正面信息，激励社会向更好的方向发展。

重视与坚持正确的舆论引导是媒体应尽的职责和使命。通过客观、公正、准确的报道，避免过度渲染和不实报道，媒体可以引导舆论向理性、积极的方向发展，促进社会和谐稳定，推动社会向更好的方向发展。

6.3.4 在新闻采编与报道中注重人文关怀

在新闻采编与报道中注重人文关怀是媒体应当承担的重要责

任。突发公共事件往往伴随着伤亡和财产损失，媒体在报道过程中应该关注受影响群体的需求和心理状态，呈现人性化的报道，传递温暖与关怀，激励社会共同应对困难。

突发公共事件的发生往往给受影响的群体带来巨大的伤害和困难，他们可能面临生命安全、生活财产等多方面的问题。在这样的时刻，媒体作为信息传播的重要渠道，应该关注受影响群体的需求和心理状态，展现人性化的报道。通过关注个体的遭遇和感受，媒体可以让公众更深刻地理解事件对人们生活的影响，引起更多人的关注和关怀。

在报道突发公共事件时，媒体可以通过多种方式体现人文关怀。首先，媒体可以采访受灾群众的故事，呈现他们的生活困境和感受，让公众更加真切地感受到灾难带来的影响。其次，媒体可以关注受灾群体的需求和呼声，帮助他们传递求助信息，引导社会资源向他们倾斜，共同帮助他们渡过难关。同时，媒体也可以通过专题报道、人物访谈等形式，展现受灾群体的坚强和努力，传递正能量，激励社会共同应对困难。

通过具有人文关怀的报道，媒体可以传递温暖与关怀，激励社会共同应对困难。在突发公共事件中，人们往往需要更多的情感支持和鼓励，而媒体作为信息传播的桥梁，有责任传递正能量，激励社会共同面对困难。通过展现受灾群体的坚强和团结，媒体可以激发公众的同理心和爱心，促使社会形成共同应对困难的力量，共同渡过难关。

在新闻采编与报道中注重人文关怀是媒体应当秉持的核心价值观。通过关注受影响群体的需求和心理状态，呈现人性化的报道，传递温暖与关怀，媒体可以发挥正能量，激励社会共同应对困难，促进社会的团结和进步。

6.3.5 结合不同事件差异化地展开新闻宣传报道

在新闻宣传报道中，结合不同事件的特点差异化地展开报道是媒体应当重视的重要策略。不同类型的突发公共事件需要采取差异化的报道方式，以更好地满足公众的信息需求，引导社会舆论，促进应对措施的实施和社会稳定。针对自然灾害、社会突发公共事件和公共卫生事件等不同类型的事件，媒体应灵活运用不同的报道策略，实现针对性报道。

第一，针对自然灾害，媒体应该强调救援和灾后重建。自然灾害往往给受灾群体带来严重的生命财产损失，急需救援和重建。在报道过程中，媒体可以及时报道灾情、救援进展和灾后重建计划，呼吁社会各界伸出援手，共同帮助灾区恢复重建。通过展现救援的力量和灾后重建的希望，媒体可以激励公众参与救援行动，促进社会的团结和共同奋斗。

第二，对于社会突发公共事件，媒体应该关注调查报道和责任追究。社会突发公共事件可能涉及复杂的社会关系和利益冲突，需要媒体深入调查报道事件背后的原因和真相，追究责任，维护社会公正和法治。通过揭露事件真相和推动责任追究，媒体可以引导社会舆论，促使相关部门采取有效措施，防止类似事件再次发生，维护社会秩序和公共利益。

第三，针对公共卫生事件，媒体应该重点在于科学防控和公众健康。公共卫生事件关乎公众健康和生命安全，需要及时准确地传递科学防控信息，引导公众正确理解和从容应对。在报道过程中，媒体可以提供权威专家意见、科学防控知识和最新动态，帮助公众增强防范意识，积极配合相关工作，共同维护公共卫生安全。

因此，根据不同事件的特点，媒体应灵活运用不同的报道策略，实现针对性报道。通过突出事件的关键信息和核心需求，媒体可以更好地引导公众理性看待事件，促进社会的共识和行动，为社会稳定和发展做出积极贡献。

6.3.6 把握报道时机

在新闻报道中，把握报道时机是至关重要的。报道突发公共事件需要及时跟进事件发展，避免信息滞后，同时在信息核实的基础上发布报道，确保报道的准确性和可信度。合理安排报道的发布时间能够最大程度地吸引公众关注，提高报道效果。

一是及时跟进事件发展是确保报道准确性和及时性的关键。在面对突发公共事件时，新闻媒体应该密切关注事件进展，及时获取最新信息，确保报道内容与事件实际情况保持同步。通过不断更新报道内容，媒体可以为公众提供最新、最准确的信息，帮助公众了解事件的全貌，做出正确的判断和决策。

二是报道内容必须在信息核实的基础上发布，确保报道的准确性和可信度。在面对突发公共事件时，媒体应该严格遵守新闻报道的基本原则，核实信息的真实性和可靠性，避免发布未经证实的消息或谣言。通过深入调查和多方核实，媒体可以提高报道的准确性和可信度，建立起公众对媒体的信任和认可。

三是合理安排报道的发布时间是提高报道效果的关键。不同类型的事件和不同的受众群体可能对报道的时效性有不同的需求。媒体应该根据事件的性质和受众的特点，选择合适的发布时间，以最大程度地吸引公众关注。在某些情况下，及时发布可以引起公众的关注和共鸣；而在另一些情况下，选择在恰当的时机发布可以更好地引发讨论和思考，提高报道的影响力和深度。

把握报道时机是新闻报道工作中不可或缺的一环。通过及时跟进事件发展、在信息核实的基础上发布报道，以及合理安排报道的发布时间，媒体可以提高报道的质量和效果，为公众提供更加全面、准确和有价值的信息，促进社会舆论的理性讨论和共识的形成，推动社会的进步和发展。

在突发公共事件新闻报道中，综合运用以上措施，媒体可以更好地应对各种挑战，在突发公共事件新闻报道中提供更加全面、深入和贴近人心的报道。通过为公众提供准确、及时的信息，引导社会和谐稳定发展，媒体可以发挥重要的引导和监督作用，推动社会向更加公正、和谐和进步的方向发展。

第七章
传统媒体与新媒体融合的
重要意义与机遇分析

习近平总书记指出，"推动媒体融合发展、建设全媒体成为我们面临的一项紧迫课题。要运用信息革命成果，推动媒体融合向纵深发展，做大做强主流舆论，巩固全党全国人民团结奋斗的共同思想基础，为实现'两个一百年'奋斗目标、实现中华民族伟大复兴的中国梦提供强大精神力量和舆论支持"。

随着科技的迅猛发展和互联网的普及，传统媒体和新媒体之间的界限逐渐模糊，融合已成为媒体发展的必然趋势。传统媒体如报纸、电视、广播等与新媒体如互联网、社交媒体、移动应用等之间的融合不仅是传统媒体转型升级的必然选择，也是适应时代发展、满足公众需求的关键举措。本章将探讨传统媒体与新媒体融合的必要性，以及融合带来的机遇和挑战。

7.1 融合的必要性

在这个万物皆媒、信息过载的新媒体环境中，传统媒体受新媒体的冲击巨大，特别是移动互联网的普及，改变了人们获取信息的方式。目前，人们获取信息的渠道不再局限于电视、报纸等传统媒体，而更多的是通过微信、短视频等新兴媒体平台获取信息。同时，有近50%的网民在手机上下载了新闻客户端。各类新媒体平台的崛起，使得传统媒体的受众被进一步分流。尤其是原本一些生产流程严谨、内容优质的传统媒体，其原创内容和独家新闻却被其他媒体轻松抄袭或复制，从而失去内容优势，造成大量受众流失和不可忽视的资源损失。因此，媒体融合发展是传统媒体转型升级、迭代更新的必由之路。

（1）满足多样化需求

传统媒体和新媒体各有其优势，传统媒体在内容深度和权威性方面有着独特优势，而新媒体则更具时效性和互动性。融合两者，可以满足公众多样化的信息需求，提供更丰富、更全面的信息服务。

传统媒体以其深度和权威性而著称，通过深入的报道和严谨的编辑流程，为公众提供具有可信度和观点性的新闻内容。传统媒体的报道通常经过深思熟虑和多方核实，能够揭示问题的本质和背景，为公众提供全面的信息视角。

相比之下，新媒体更注重时效性和互动性。新媒体平台如社交媒体和网络新闻能够在第一时间发布最新的消息，让公众及时了解事件动态。此外，新媒体还提供了丰富的互动功能，让用户可以参与评论、分享和互动，使信息传播更加生动和具有参与性。

传统媒体和新媒体的融合，将两者的优势相结合，形成了更具有综合性和多样性的信息传播形式。通过融合，可以满足公众多样化的信息需求，提供更加丰富、全面的信息服务。传统媒体的深度报道和权威性可以为新闻事件提供更为详尽和深入的解读，而新媒体的时效性和互动性则能够让公众更快速地了解最新消息，并参与到新闻讨论中来。

在融合过程中，传统媒体可以借助新媒体的技术平台和传播渠道，拓展报道范围和触达受众群体。同时，传统媒体的专业编辑团队和严格审核流程也可以为新媒体带来更为专业和可信的内容。而新媒体的即时性和互动性也可以为传统媒体注入更多活力和创新思维，提升用户体验和参与度。

传统媒体和新媒体的融合不仅可以弥补彼此的不足，还可以创造出更加多元化和全面的信息传播形式。这种融合不仅有利于提升信息传播的效率和质量，还能够满足公众日益多样化的信息需求，推动媒体行业向更加开放、包容和创新的方向发展。传统媒体与新媒体的融合将为公众提供更加优质、多元化的信息服务，引领社会信息传播的新风向。

（2）扩大传播渠道

传统媒体受限于传统媒介的传播范围，而新媒体可以突破时间和空间的限制，实现全球范围内的即时传播。融合后的媒体可以通过多样化的传播渠道，将信息传递到更广泛的受众群体中。

传统媒体和新媒体在信息传播领域各有其独特的特点和优势。传统媒体受限于传统媒介的传播范围，如报纸、电视和广播等，其传播速度和覆盖范围相对受限。然而，新媒体的兴起彻底改变了这一局面，它可以突破时间和空间的限制，实现全球范围内的即时传播。通过互联网、社交媒体和移动应用等平台，新媒体可以将信息迅速传播到全球各地，让消息在瞬息之间飞越国界，实现全球范围内的信息传递。

融合传统媒体和新媒体后的媒体形式，拥有传统媒体和新媒体的优势，可以通过多样化的传播渠道将信息传递到更广泛的受众群体中。传统媒体的深度报道和权威性与新媒体的时效性和全球性相结合，形成了更为综合和多元化的信息传播模式。这种融合不仅可以提升信息传播的效率和质量，还能够满足公众日益多样化的信息需求，推动信息传播的全球化和多元化发展。

传统媒体在报道过程中通常需要经过编辑、排版、印刷等环节，传播速度相对较慢。而新媒体则可以实现即时更新和全天候的信息传播，让公众可以随时随地获取最新的消息。新媒体的互动性和参与性也让信息传播更加生动和有趣，让受众更容易参与到信息传播中来。

融合传统媒体和新媒体的优势，可以通过多样化的传播渠道，如网站、社交媒体、移动应用等，将信息传递到更广泛的受众群体中。这种多渠道的传播方式不仅可以提升信息传播的覆盖范围，还能够增强信息传播的互动性和参与性。公众可以通过不同的渠道获取信息，参与讨论和互动，形成更加丰富和多元化的信息传播生态系统。

传统媒体受限于传统媒介的传播范围，而新媒体可以突破时间和空间的限制，实现全球范围内的即时传播。融合后的媒体可以通过多样化的传播渠道，将信息传递到更广泛的受众群体中，提升信息传播的效率和质量，满足公众多样化的信息需求，推动媒体行业向更加开放、包容和创新的方向发展。

（3）提升互动体验

新媒体注重用户参与和互动，传统媒体则更注重内容生产和传播。传统媒体与新媒体融合后，可以在内容生产的同时增加互动元素，提升用户体验，增强用户黏性。

新媒体和传统媒体在信息传播过程中各有侧重点，新媒体平台如社交媒体、视频分享网站和博客等，通过用户生成的内容和互动功能，为用户提供了更多参与和交流的机会，使信息传播更加生动和多元化。用户可以在新媒体平台上发表观点、评论内容，分享自己的生活和见解，与其他用户互动交流，形成一个充满活力和参与性的信息传播环境。

相比之下，传统媒体更注重内容的生产和传播。传统媒体如报纸、电视和广播等，通常由专业编辑团队负责内容的策划、撰写和编辑，然后通过传统的媒体渠道进行传播。传统媒体的报道通常经过严格的审核和编辑流程，注重报道的客观性和权威性，为公众提供可靠的新闻信息和深度报道。

在当今信息时代，传统媒体和新媒体的融合已经成为趋势。通过融合，传统媒体可以借鉴新媒体的优势。传统媒体可以在内容生产的同时引入互动功能，如在线投票、评论区、直播互动等，让用户参与到新闻报道和内容生产中来，增加用户的参与感和互动体验。这种融合不仅可以为传统媒体注入更多活力和创新思维，还可以吸引更多年轻用户，拓展受众群体，提升传统媒体的影响力和竞争力。

通过传统媒体和新媒体的融合，可以实现内容生产和用户参与的有机结合，创造出更具吸引力和互动性的信息传播形式。用户不仅可以获取深度和权威的新闻报道，还可以参与到新闻事件中来，表达自己的观点和看法，与其他用户互动交流。这种融合不仅可以提升用户体验，还可以增强用户对媒体的信任感和忠诚度，形成良性的互动循环。

总之，融合不仅可以为传统媒体注入新的活力，还可以满足用户日益增长的参与需求，提升媒体的影响力和竞争力，引领媒体行业向更加开放、创新和用户导向的方向发展。传统媒体和新媒体的融合将为公众提供更加丰富、多元化的信息服务，营造社会信息传播的新风尚。

7.2 融合带来的机遇

7.2.1 创新内容形式

传统媒体与新媒体融合后，可以创造更多元、更富创意的内容形式，如视频直播、互动报道、社交媒体互动等，吸引更多受众关注，提升传播效果。

传统媒体与新媒体的融合为内容创作和传播带来了全新的可能性和机遇。这种融合不仅为传统媒体注入了创新的活力，也为新媒体赋予了更深厚的内容底蕴，共同创造更多元、更富创意的内容形式。通过结合传统媒体的资源和新媒体的技术优势，诸如视频直播、互动报道、社交媒体互动等形式的作用得以充分发挥，吸引更多受众关注，提升传播效果。

视频直播是传统媒体与新媒体融合后的一大亮点。传统媒体可以借助新媒体平台的直播功能，实现实时报道和互动交流，拉近与受众之间的距离。通过视频直播，传统媒体可以呈现更加生动、直观的内容，吸引更多用户参与互动，提升用户体验和参与感。这种形式不仅能够增加内容的吸引力和互动性，还能够扩大传统媒体的传播范围，吸引更多受众的关注和参与。

互动报道是传统媒体与新媒体融合的又一重要形式。通过互动报道，传统媒体可以与受众实现更加紧密的互动和沟通。例如，通过在线投票、评论互动等形式，传统媒体可以更好地了解受众的需求和反馈，调整报道内容和形式，提升用户参与感和满意度。这种形式不仅可以增加内容的多样性和个性化，还可以促进传统媒体与受众之间的互动和共鸣，提升传播效果和影响力。

社交媒体互动是传统媒体与新媒体融合后的又一创新形式。传统媒体可以通过社交媒体平台与受众进行互动和分享，实现内容的快速传播和扩散。通过社交媒体互动，传统媒体可以更好地把握受众的兴趣和需求，定制个性化的内容，增加用户参与度和黏性。这种形式不仅可以增加内容的传播速度和范围，还可以提升传统媒体在社交媒体上的影响力和曝光度，吸引更多受众关注和参与。

传统媒体与新媒体的融合为内容创作和传播带来了更多元、更富创意的可能性。通过视频直播、互动报道、社交媒体互动等形式的创新，传统媒体可以实现内容的多样化和个性化，吸引更多受众关注，提升传播效果。这种融合不仅可以丰富传统媒体的内容形式和传播渠道，还可以拓展受众群体和提升用户参与度，推动传统媒体与新媒体之间的良性互动和合作，共同开创媒体行业的新未来。传统媒体应积极拥抱融合发展的趋势，不断探索创新路径，实现内容创作和传播的持续升级，为行业的可持续发展奠定坚实基础。

7.2.2 拓展商业模式

融合后的媒体在传统媒体与新媒体的结合中，拥有了更为广阔的商业发展空间。通过多样化的商业模式，如付费订阅、广告变现、内容授权等，融合后的媒体能够实现更稳定和多元化的盈利模式，从而提升经济效益。这种多元化的商业模式不仅能够为媒体提供更为稳定的收入，还能够促进内容创作和传播的持续发展，推动媒体产业的健康发展。

第一，付费订阅是融合后的媒体实现盈利的重要方式之一。通过提供高质量、独家内容，媒体可以吸引用户进行付费订阅，从而获得稳定的收入来源。付费订阅模式不仅可以帮助媒体建立忠实的用户群体，还可以提升内容质量和创意水平，满足用户个性化需求，实现内容付费化，为媒体创造持续的经济效益。

第二，广告变现是融合后的媒体盈利的另一重要途径。通过在内容中嵌入广告或与广告商合作，媒体可以获得广告收入。融合后的媒体可以利用新媒体平台的广告投放技术和传统媒体的内容创作能力，实现广告内容的精准投放和用户定向推送，提升广告效果和点击率，从而实现更为稳定的广告收入，为媒体的经济效益增添新动力。

第三，内容授权也是融合后的媒体盈利的重要方式之一。通过将优质内容授权给其他平台或机构使用，媒体可以获得授权费用，实现内容的二次价值变现。融合后的媒体可以通过内容授权扩大内容的传播范围和影响力，拓展盈利渠道，提升经济效益。

同时，内容授权也有助于建立媒体品牌的影响力和知名度，为媒体未来的发展奠定坚实基础。

除了上述商业模式，融合后的媒体还可以通过会员制服务、品牌合作、线下活动等方式实现盈利。会员制服务可以为用户提供更多增值服务，如专属内容、活动参与等，吸引用户付费成为会员，增加收入来源。品牌合作可以为媒体带来赞助费用和推广资源，实现双赢局面。线下活动可以增加媒体与用户的互动，提升品牌影响力，同时也为媒体带来额外收入。

融合后的媒体可以通过多样化的商业模式实现更稳定和多元化的盈利模式，提升经济效益。付费订阅、广告变现、内容授权等商业模式的结合，不仅可以为媒体提供稳定的收入来源，还可以促进内容创作和传播的持续发展，推动媒体产业的健康发展。融合后的媒体应积极探索适合自身发展的商业模式，不断创新和完善，实现经济效益和社会效益的双赢局面，为媒体行业的可持续发展注入新的活力和动力。

7.2.3 加强社会影响力

传统媒体与新媒体的融合为媒体行业带来了前所未有的机遇和挑战。在这种融合下，媒体不仅可以更好地整合资源和技术优势，还可以更有效地发挥舆论引导和社会监督的作用，提升媒体的社会影响力，推动社会进步和发展。通过融合后的媒体，舆论引导和社会监督的功能得到了强化，为社会治理和民主建设提供了重要支持。

一是传统媒体与新媒体融合后，可以更好地发挥舆论引导的作用。传统媒体具有丰富的新闻报道经验和专业的编辑团队，而新媒体则拥有传播快速和互动性强的特点。通过融合，媒体可以充分利用传统媒体的权威性和深度报道能力，结合新媒体的即时性和互动性，实现舆论引导的全方位覆盖和深度传播。媒体可以通过多样化的内容形式和传播渠道，引导公众关注社会热点问题，引导舆论，推动社会舆论的形成。

二是传统媒体与新媒体融合后，可以更加有效地发挥社会监督的作用。传统媒体具有深度报道和调查能力，能够揭露社会问题和不公平现象，引起公众关注和社会反响。新媒体则具有快速传播和互动性强的特点，能够促进信息的快速传播和互动反馈。通过融合，媒体可以结合传统媒体的深度报道和新媒体的快速反馈，加强对政府机构、企业和社会机构的监督，推动社会问题的解决和改善，促进社会的公平正义和民生福祉。

三是传统媒体与新媒体融合后，还可以通过开展公益活动、引导社会舆论、推动社会议题等方式，提升媒体的社会影响力。媒体可以通过组织公益活动、开展公益报道、倡导社会责任等方式，积极参与社会公益事业，传播正能量，引导社会风气，推动社会进步和发展。融合后的媒体还可以借助新媒体平台的互动性和传播力量，引导社会舆论，推动社会议题，激发社会活力，促进社会和谐稳定。

传统媒体与新媒体的融合为媒体的舆论引导和社会监督提供了更为广阔的空间和更为强大的支持。通过融合后的媒体，舆论引导和社会监督的功能得到了强化，促进了社会进步。传统媒体与新媒体应积极探索融合发展的路径，发挥各自优势，共同推动媒体的社会影响力，促进社会进步和发展，为建设富有活力、和谐稳定的社会做出积极贡献。

7.3 融合面临的挑战

7.3.1 技术整合难度

传统媒体和新媒体作为两种不同类型的媒体形式，在技术平台、人员结构等方面存在着较大的差异。传统媒体注重深度报道和编辑制作，拥有丰富的新闻传播经验和专业的编辑团队；而新媒体则侧重于快速传播和互动性，具有更加灵活和即时的特点。在传统媒体与新媒体融合的过程中，需要克服技术整合的难度，确保系统的稳定和高效运行，以实现融合的顺利进行和最终的成功。

第一，技术平台是传统媒体和新媒体融合中需要克服的重要难题之一。传统媒体通常采用传统的编辑、制作和发行流程，技术设备和系统相对独立，而新媒体则依赖于数字化平台和互联网技术，具有高度的自动化和互动性。在融合过程中，需要将传统媒体的内容生产流程与新媒体的数字化平台相结合，实现内容生产、编辑、传播的无缝连接。这需要投入大量的人力、物力和财力，进行系统的技术改造和整合，确保各个环节之间的协同运作，以实现系统的稳定和高效运行。

第二，人员结构的差异也是传统媒体和新媒体融合中需要克服的挑战之一。传统媒体的人员结构通常较为稳定，人员拥有丰富的新闻从业经验和专业技能，但缺乏新媒体的数字化技能和互动能力；而新媒体的人员结构则更加年轻化、灵活化，人员具有较强的数字化技能和互动意识，但可能缺乏深度报道和专业编辑能力。在融合的过程中，需要对传统媒体和新媒体的人员进行培训和转岗，提升其数字化技能和专业能力，实现人员结构的优化。同时，还需要建立跨部门、跨团队的协作机制，促进传统媒体和新媒体人员的融合与合作，实现对人才资源的最大化利用。

第三，还需要注重数据整合、内容管理、安全保障等方面的工作。在融合过程中，传统媒体和新媒体的数据系统、内容管理系统存在着一定的差异，需要进行数据整合和内容管理的统一规划，确保信息的准确性和一致性。同时，还需要加强信息安全意识和技术保障，防范信息泄露和网络攻击等安全风险，保障系统的稳定运行和数据的安全性。

传统媒体和新媒体在技术平台、人员结构等方面存在较大差异，在融合过程中需要克服技术整合的难度，确保系统的稳定和高效运行。通过加强技术改造和整合、优化人员结构、建立协作机制、加强数据管理和安全保障等措施，可以促进传统媒体和新媒体的融合发展，实现资源优化配置和效率提升，为媒体行业的创新发展和进步注入新的活力和动力。

7.3.2 观念转变困难

传统媒体和新媒体在运营理念、编辑标准等方面存在差异，融合需要媒体机构和从业人员进行观念转变，适应新的工作方式和要求。

传统媒体和新媒体作为两种不同类型的媒体形式，在运营理念、编辑标准等方面存在着显著的差异。传统媒体注重深度报道、专业编辑和传统发行模式，强调权威性和稳定性；而新媒体则更加注重即时性、互动性和多元化传播，强调用户参与和内容创新。在传统媒体和新媒体融合的过程中，需要媒体机构和从业人员进行观念转变，适应新的工作方式和要求，以实现融合的顺利进行和最终的成功。

首先，运营理念是传统媒体和新媒体融合中需要进行转变的重要方面。传统媒体通常以编辑为中心，强调专业性和权威性，内容生产和传播相对封闭和单向；而新媒体则更加注重用户参与和互动性，强调内容生产的开放性和多样化。在融合的过程中，媒体机构需要调整运营理念，从单向传播转变为双向互动，从封闭式内容生产转变为开放式创新，实现内容生产和传播的多元化和个性化。这需要媒体机构重新审视自身的定位和角色，加强与用户的互动和沟通，积极倾听用户需求，不断创新内容形式和传播方式，以适应新的媒体环境和用户需求。

其次，编辑标准的差异也是传统媒体和新媒体融合中需要进行转变的重要方面。传统媒体通常注重深度报道和专业编辑，强调事实和权威性；而新媒体则更加注重速度和即时性，强调用户体验和内容生产的敏捷性。在融合的过程中，需要媒体从业人员进行编辑标准的调整和转变，既要保持深度报道和专业编辑的传统优势，又要适应新媒体的即时性和互动性要求。这需要编辑人员不断提升自身的专业素养和数字化技能，学习新的编辑理念和工作方式，适应新的编辑标准和要求，实现传统媒体和新媒体编辑的融合与统一。

再次，媒体机构和从业人员还需要注重团队建设、人才培养等方面的工作。在融合的过程中，传统媒体和新媒体的团队结构和人才素质存在一定的差异，需要进行团队建设和人才培养，加强跨部门、跨团队的协作与合作。媒体机构可以通过开展培训计划、组织团队活动、建立跨部门协作机制等方式，促进传统媒体和新媒体从业人员的融合与合作，实现人才资源的最大化利用，推动媒体融合发展的顺利进行。

总之，传统媒体和新媒体在运营理念、编辑标准等方面存在差异，融合需要媒体机构和从业人员进行观念转变，适应新的工作方式和要求。通过调整运营理念、转变编辑标准、加强团队建设和人才培养等措施，可以促进传统媒体和新媒体的融合发展，实现资源优化配置和效率提升，为媒体行业的创新发展和进步注入新的活力和动力。传统媒体和新媒体应积极探索融合发展的路径，发挥各自优势，共同推动媒体的发展，为社会的进步和发展做出积极贡献。

7.3.3 内容质量保障

融合后的媒体在内容质量和可信度方面面临着更为重要的挑战和责任。传统媒体和新媒体的融合使得信息传播更加迅速和广泛，然而这也带来了虚假信息传播的风险。因此，融合后的媒体需要更加注重内容质量和可信度，避免因快速传播而导致虚假信息传播，保障公众的知情权和权益。

第一，内容质量是媒体融合后需要重点关注的核心问题之一。传统媒体注重深度报道和事实核实，倡导严谨的新闻价值观；而新媒体则更加注重即时性和互动性，容易受到速度和点击量的诱惑。在融合后的媒体环境中，需要平衡速度和准确性，确保内容的真实性和客观性。媒体机构应加强内容生产的内部审核机制，提升编辑人员的专业水平和责任意识，避免不实信息的传播。同时，媒体应加强对新闻事件的全面报道，避免片面性和偏颇，提升内容质量和公信力，为公众提供更加可靠和有价值的信息。

第二，可信度是媒体融合后需要重点强调的关键要素之一。随着新媒体的快速发展，信息传播变得更加便捷和广泛，但也容易受到谣言和虚假信息的影响。在这样的背景下，融合后的媒体需要建立更加严格的信息核实和验证机制，确保报道的真实性和可信度。媒体机构应加强对新闻来源的审查和验证，提升新闻报道的权威性和可信度，避免虚假信息的传播。同时，媒体应加强对公众的教育和引导，提升公众的媒体素养和辨别能力，帮助公众识别和抵制虚假信息，保障公众的知情权和权益。

第三，媒体融合后还需要加强自律和监督机制，保障内容质量和可信度。媒体行业应建立更加严格的行业标准和规范，加强自律管理，提升行业整体的信誉和声誉。同时，政府部门和监管机构也应加强对媒体行业的监督和管理，规范媒体的运营行为，维护公共利益和社会秩序。通过建立健全的自律和监督机制，可以有效防范虚假信息的传播，保障公众的知情权和权益，实现媒体的社会责任和使命。

融合后的媒体需要更加注重内容质量和可信度，避免因快速传播而导致虚假信息传播，保障公众的知情权和权益。通过加强内容审核、提升编辑水平、建立可信度验证机制、加强自律和监督等措施，可以有效提升媒体的内容质量和可信度，为公众提供更加真实、客观和有价值的信息，推动媒体行业的健康发展和社会进步。媒体作为舆论引导和信息传播的重要力量，应当履行好社会责任，为社会的和谐稳定和进步发挥积极作用。

综上，传统媒体与新媒体融合是媒体发展的必然趋势，既是应对时代挑战的需要，也是提升媒体竞争力和影响力的关键举措。在融合过程中，媒体机构需要不断创新、拓展思路，充分发挥传统媒体和新媒体的优势，共同推动媒体行业向更加开放、包容和创新的方向发展，为公众提供更加优质、多元化的信息服务，引领社会和谐稳定发展。

7.4 融合的重要意义

传统媒体与新媒体的融合对于抢占主流舆论阵地、整合媒体产业资源以及更好地满足人民群众精神文化生活需求具有重要意义。

7.4.1 融合传统媒体与新媒体有利于抢占主流舆论阵地

传统媒体以其深厚的历史积淀和权威性在舆论引导和社会议题设置方面扮演着重要角色，而新媒体则凭借着信息传播速度和互动性的优势，日益成为舆论场上的重要力量。融合传统媒体与新媒体，可以实现优势互补，提升舆论引导能力，引领舆论话语权，有效应对舆论挑战，确保信息传播的广泛性和深度。

传统媒体作为信息传播的重要渠道，具有长期积累的读者群体和信任度。其深度报道和权威性分析在舆论引导方面发挥着不可替代的作用。然而，随着信息时代的发展，新媒体以其即时性和互动性迅速崛起，成为信息传播的新引擎。新媒体平台如社交媒体、视频分享网站和博客等，为用户提供了更多参与和交流的机会，使信息传播更加生动和多元化。

　　通过融合传统媒体与新媒体，传统媒体可以借助新媒体的快速传播和互动特点，更好地抢占主流舆论阵地。传统媒体可以借助新媒体平台的广泛传播渠道和用户互动功能，将深度报道与即时互动相结合，提升信息传播的时效性和互动性。传统媒体可以通过新媒体平台与用户进行更紧密的互动，了解用户需求和反馈，调整舆论引导策略，提高舆论引导的精准度和有效性。

　　融合传统媒体与新媒体还有助于传统媒体更好地抵御舆论挑战。在信息爆炸的时代，舆论传播速度快、传播范围广，传统媒体面临着来自新媒体的挑战。融合后的媒体形式可以更好地应对舆论挑战，及时回应热点事件，引领舆论走向，有效控制舆论风向，保障信息传播的准确性和可信度。

　　综上所述，融合传统媒体与新媒体有利于传统媒体更好地抢占主流舆论阵地。通过融合，传统媒体可以充分发挥自身的深度报道和权威性优势，同时借助新媒体的快速传播和互动特点，提升信息传播的广泛性和深度性，有效应对舆论挑战，确保信息传播的全面性和及时性。传统媒体与新媒体的融合将为舆论引导提供更多可能性，推动舆论传播向更加开放、多元和互动的方向发展，为社会舆论环境的健康发展做出积极贡献。

7.4.2 融合传统媒体与新媒体有利于整合媒体产业资源

　　融合传统媒体与新媒体对整合媒体产业资源的意义不言而喻。传统媒体和新媒体各自拥有独特的优势和劣势，其中传统媒体在内容生产、传播渠道和商业模式方面具有深厚的积累和影响力，而新媒体则以信息传播速度和互动性为特点，更加贴近当代用户的需求。融合这两种媒体形式，可以最大限度地发挥各自优势，实现资源整合，构建更加完善和多元化的媒体生态系统。

第一，整合传统媒体与新媒体的资源有助于优化内容生产。传统媒体在深度报道和专业性方面具有优势，而新媒体则在即时性和多样性方面更为突出。通过融合，可以将传统媒体的深度报道与新媒体的即时性相结合，打破信息壁垒，提供更加丰富和全面的内容。这种内容的优化不仅能够满足用户多样化的需求，也能够提升媒体的影响力和吸引力。

第二，整合传统媒体与新媒体的资源有助于拓展传播渠道。传统媒体通常依托传统的平面媒体和电视广播，而新媒体则以互联网和移动设备为主要传播渠道。融合后，媒体可以同时利用传统媒体和新媒体的传播渠道，实现信息的多渠道传播，覆盖更广泛的受众群体。这种传播渠道的拓展不仅能够提高信息的传播效率，还能够增加媒体的曝光度和影响力。

第三，整合传统媒体与新媒体的资源有助于创新商业模式。传统媒体的商业模式主要以广告和订阅为主，而新媒体则更加注重内容付费和虚拟商品销售。融合后，媒体可以探索更多元化的商业模式，结合传统媒体和新媒体的特点，创新出适应当前市场需求的商业模式。这种商业模式的创新不仅能够增加媒体的盈利渠道，还能够提升媒体的竞争力和可持续发展能力。

融合传统媒体与新媒体有利于整合媒体产业资源，形成更加完善和多元化的媒体生态系统。通过整合产业资源，可以实现内容生产的优化、传播渠道的拓展以及商业模式的创新，提升媒体行业的竞争力和可持续发展能力。这种融合不仅有助于媒体行业的发展，也能够满足用户多样化的需求，推动媒体行业向更加开放、创新和用户导向的方向发展。整合传统媒体与新媒体的资源将为媒体产业带来新的发展机遇和挑战，促进媒体行业的繁荣和进步。

7.4.3 融合传统媒体与新媒体有利于更好地满足人民群众精神文化生活需求

融合传统媒体与新媒体对于更好地满足人民群众的精神文化生活需求具有重要意义。传统媒体和新媒体各自具有独特的特点和优势，传统媒体注重深度报道和权威性，而新媒体则追求即时性和互动性。通过融合这两种媒体形式，可以在保持传统媒体的深度报道和权威性的同时，借助新媒体的互动特点，更好地满足人民群众对于精神文化生活的多样化需求。融合后的媒体形式能够提供更丰富、更多元的内容，让人民群众在精神文化生活方面获得更多选择和享受，从而促进社会文化的繁荣和发展。

传统媒体作为信息传播的重要渠道，具有长久的历史积累和深厚的专业性。传统媒体以其深度报道和权威性分析，在传播文化、历史、艺术等方面发挥着不可替代的作用。然而，随着新媒体的崛起，人们对于信息获取的需求也发生了变化。新媒体以其即时性和互动性，更好地满足了人们迅速获取信息、参与讨论的需求。融合传统媒体与新媒体，可以充分发挥两者的优势，为人民群众提供更加丰富和多元化的精神文化生活体验。

通过融合传统媒体与新媒体，可以在保持深度报道和权威性的同时，引入新媒体的互动特点，更好地满足人民群众对于精神文化生活的需求。传统媒体的深度报道和专业分析可以为人们提供更加丰富和有深度的文化内容，帮助人们更好地理解历史、文化、艺术等方面的知识。同时，新媒体的即时性和互动性可以让人们更快速地获取最新的文化信息，参与讨论和互动，增强文化活动的参与感和体验感。这种融合将为人民群众提供更加丰富、更多元的精神文化生活选择，满足不同群体的需求，促进社会文化的繁荣和发展。

综上分析，融合传统媒体与新媒体有利于更好地满足人民群众的精神文化生活需求。通过整合传统媒体和新媒体的资源和优势，可以为人民群众提供更丰富、更多元的文化内容，让人们在精神文化生活方面获得更多的选择和享受。这种融合不仅能够促进文化产业的发展，还能够推动社会文化的繁荣，为人民群众提供更加丰富和有意义的精神文化生活体验，推动社会向着更加文明和进步的方向发展。

传统媒体与新媒体的融合对于抢占主流舆论阵地、整合媒体产业资源以及更好满足人民群众精神文化生活需求具有重要意义。这种融合不仅可以提升媒体行业的竞争力和影响力，还可以促进社会信息传播的多样化和民主化发展，推动媒体行业向更加开放、创新和用户导向的方向发展。传统媒体和新媒体的融合将为公众提供更加优质、多元化的信息服务，引领社会信息传播的新风向。

7.5 融合能够实现优势互补

传统媒体与新媒体的融合可以实现优势互补，从实现媒体资源共享、产品形态多元化和融合载体全面数字化三个方面来探讨。

7.5.1 实现媒体资源共享

（1）传统媒体拥有丰富的内容制作经验和深厚的行业资源，如专业记者团队、编辑部门和传统的发行渠道。

传统媒体作为信息传播领域的重要一环，积累了丰富的内容制作经验和深厚的行业资源，这些优势使其在媒体领域中扮演着不可替代的角色。首先，传统媒体拥有专业记者团队，这些记者经过长期的专业训练和实践积累了丰富的新闻报道经验，能够及时准确地获取和处理各类信息，为公众提供权威、可信的新闻报道。编辑部门则承担着对新闻信息进行筛选、整理和加工的重要工作，确保信息的准确性、客观性和完整性，从而提供给读者高质量的新闻内容。

除了专业记者团队和编辑部门，传统媒体还依靠传统的发行渠道来将信息传递给广大受众。传统的发行渠道包括纸质报纸、杂志、广播电视等形式，这些传统媒体形式在长期的发展中建立了稳定的读者群体和观众群体，形成了自己独特的传播特点和影响力。通过这些传统发行渠道，传统媒体能够将新闻信息传递给更广泛的受众群体，满足不同人群对信息获取的需求，起到了连接社会、传递价值观念的重要作用。

传统媒体的内容制作经验和行业资源是其核心竞争力所在。这些资源不仅体现在新闻报道的深度和广度上，还体现在对新闻价值、传播规律和读者需求的深刻理解上。传统媒体通过长期的积累和实践，建立了自己的品牌形象和声誉，成为公众获取信息、了解社会的重要窗口。传统媒体在信息传播中扮演着监督者、引导者和传播者的角色，对社会稳定和公共利益起着不可替代的作用。

　　然而，随着数字化时代的到来，传统媒体也面临着新的挑战和机遇。传统媒体需要加快数字化转型步伐，拓展在线传播渠道，提升内容生产和传播效率，以适应新时代的发展需求。同时，传统媒体也需要与新媒体进行深度融合，共同探索新的发展模式和商业模式，为用户提供更丰富、更多样化的信息选择，推动整个媒体行业向更加多元化、创新化和可持续发展的方向迈进。传统媒体的内容制作经验和行业资源将在数字化时代中焕发新的活力，为媒体行业的发展注入新的动力和活力。

　　（2）新媒体则具备快速传播和互动性的优势，拥有庞大的在线用户群体和社交媒体平台。

　　在当今数字化时代，新媒体作为媒体领域的新生力量，具备着快速传播和互动性的独特优势，为信息传播和社会互动带来了全新的可能性。新媒体以其庞大的在线用户群体和多样化的社交媒体平台，成为信息传播和互动交流的重要渠道，对传统媒体和整个媒体行业的发展产生着深远影响。

　　首先，新媒体的快速传播优势体现在信息传播的即时性和广泛性上。通过互联网和各种社交媒体平台，新媒体能够实现信息的快速传播，使新闻事件、热点话题等内容在瞬间被广泛传播和关注。这种快速传播的特点使新媒体成为用户获取最新信息的重要渠道，也为信息传播的效率和速度带来了巨大提升。

　　其次，新媒体具有强大的互动性优势，能够实现用户与内容之间的双向交流和互动。通过社交媒体平台，用户可以轻松地参与讨论、发表观点、分享信息，形成多元化的信息传播网络。这种互动性不仅促进了信息的传播和共享，还拉近了用户与内容之间的距离，增强了用户参与感和互动体验，使信息传播更加生动和丰富。

新媒体的庞大在线用户群体是其发展的重要支撑。随着互联网的普及和移动设备的普及，越来越多的人选择通过新媒体平台获取信息、沟通交流。新媒体平台汇集了来自不同地区、不同背景的用户群体，形成了庞大的用户基础，为信息传播提供了广阔的空间和受众群体。这种庞大的用户群体为新媒体的发展带来了巨大的潜力和市场空间，也为内容生产和传播提供了更多的可能性和机会。

在新媒体时代，信息传播已经不再是单向的，而是多元化、互动化的。新媒体的快速传播和互动性优势为用户提供了更丰富、更多样化的信息选择，也为用户参与社会互动、表达观点提供了更便捷、更直接的途径。新媒体的发展不仅改变了信息传播的方式和形式，也促进了社会交流和文化交流的深入发展，为构建信息化社会、促进社会进步发挥着重要作用。

但是，新媒体也面临着信息真实性、隐私保护、内容监管等方面的挑战和问题。新媒体平台需要加强内容管理和风险控制，提升信息传播的质量和可信度，保障用户权益和信息安全。只有在坚持信息真实性和合法性的前提下，新媒体才能更好地发挥其传播力和影响力，为用户提供更优质、更可靠的信息服务。

（3）通过融合，传统媒体可以借助新媒体的快速传播优势，将优质内容更迅速地传递给用户，同时新媒体可以借助传统媒体的专业资源提升内容质量和可信度。

融合是传统媒体和新媒体共同发展的关键路径，通过融合，两者可以充分发挥各自优势，实现优质内容的更快传播和更高质量的信息服务。传统媒体可以借助新媒体的快速传播优势，将优质内容更迅速地传递给用户，同时新媒体可以借助传统媒体的专业资源提升内容质量和可信度，实现双方优势的互补和叠加。

第一，传统媒体可以通过融合新媒体的快速传播优势，实现信息传播的效率和速度的提升。新媒体以其快速传播的特点，能够迅速将信息推送给广大用户，传统媒体可以借助新媒体的传播渠道和技术优势，将优质内容更快地传递给用户，实现信息的即时性和广泛性。通过与新媒体的融合，传统媒体可以拓展传播渠道，实现信息传播的多样化和立体化，提升信息传播的覆盖面和影响力。

第二，新媒体可以借助传统媒体的专业资源提升内容质量和可信度。传统媒体拥有丰富的内容制作经验和深厚的行业资源，如专业记者团队、编辑部门等，这些资源是保障内容质量和可信度的重要支撑。通过与传统媒体的合作和融合，新媒体可以引入传统媒体的专业编辑团队和审核机制，提升内容的深度和专业性，确保信息的准确性和权威性。传统媒体的专业资源可以为新媒体的内容生产提供有力支持，使新媒体在内容质量和可信度上得到进一步提升。

融合不仅可以实现传统媒体和新媒体优势的互补，还可以促进两者之间的深度合作和共赢发展。传统媒体可以借助新媒体的数字化优势，加速数字化转型步伐，拓展在线传播渠道，实现内容生产和传播的创新和升级,提升用户体验和满足用户需求。同时,新媒体也可以通过与传统媒体的深度合作,借助传统媒体的品牌影响力和行业资源,拓展内容生产和传播的广度和深度,实现内容生产和传播的升级和提升。

通过融合,传统媒体和新媒体可以共同探索新的发展模式和商业模式,为用户提供更丰富、更多样化的信息选择,推动整个媒体行业向更加多元化、创新化和可持续发展的方向迈进。传统媒体和新媒体应充分发挥各自优势,共同推动融合发展,提供优质、多元化信息服务,促进社会进步。传统媒体的内容制作经验和行业资源将为媒体行业的发展注入新的活力,为构建信息丰富、多元化的传播格局做出积极贡献。

7.5.2 产品形态多元化

(1)传统媒体主要以纸媒、广播和电视等形式存在,而新媒体则以互联网、移动应用等数字化形式为主。

传统媒体和新媒体以不同形式存在,传统媒体主要以纸媒、广播和电视等形式为主,而新媒体则以互联网、移动应用等数字化形式为主。这两种媒体形式各有特点,传统媒体注重实体形式和传统渠道,而新媒体则强调数字化、互动性和即时性,两者的存在形式和传播方式在信息传播和社会互动中发挥着不同的作用。

传统媒体是指那些长期以来在传播领域占据主导地位的传统媒体形式,包括纸质媒体(如报纸、杂志)、广播(如广播电台)和电视等。这些传统媒体形式具有一定的稳定性和传播渠道,传统媒体的内容生产和传播主要依赖于实体媒介和传统的发行渠道，如印刷、广播和电视传输。传统媒体在一定程度上受到版面、频道时长等限制，信息传播的速度和范围相对较为有限，但传统媒体在内容制作和编辑方面有着丰富的经验和专业团队，能够提供深度、权威的报道和分析。

相比之下，新媒体主要以互联网、移动应用等数字化形式为主，包括社交媒体、新闻客户端、视频网站等。新媒体强调互动性和即时性，用户可以随时随地通过互联网获取信息、参与互动，实现信息的个性化传递和用户参与。新媒体的内容生产和传播更加灵活多样，不受时间和空间限制，信息可以实现即时更新和全球传播，用户可以通过评论、分享等方式参与信息传播和交流。

传统媒体和新媒体在形式上的差异导致了它们在信息传播和社会互动中发挥着不同的作用。传统媒体在一定程度上注重内容的深度和专业性，传播渠道相对稳定，适合长篇报道、专题分析等内容形式；而新媒体更注重信息的即时性和个性化，传播速度快，适合短视频、微博等快速传播的形式。传统媒体和新媒体各有优势，通过融合可以实现优势互补，提升信息传播的效率和质量，为用户提供更全面、更丰富的信息服务。

随着数字化技术的不断发展和普及，传统媒体和新媒体之间的界限逐渐模糊，传统媒体也在加速数字化转型的步伐。传统媒体积极探索新的传播模式和商业模式，借助新技术拓展传播渠道，实现内容生产和传播的创新和升级；同时，新媒体也在不断提升内容质量和可信度，加强内容管理和风险控制，为用户提供更丰富、更可靠的信息选择。传统媒体和新媒体的融合发展将为媒体行业带来更多的可能性和机遇，共同推动媒体行业向数字化、多元化、创新化的方向发展。

（2）融合后，可以实现产品形态的多元化，例如将传统报纸的内容数字化到新媒体平台上，或者将新媒体的短视频内容整合到传统电视节目中，满足用户多样化的阅读和观看需求。

融合传统媒体和新媒体可以实现产品形态的多元化，通过将传统媒体和新媒体的优势相互结合，创新内容形式和传播方式，为用户提供更多样化、更个性化的阅读和观看体验。这种融合不仅可以拓展内容呈现的方式，还可以提升用户参与度和满足用户多样化的信息获取需求。

一种常见的融合方式是将传统报纸的内容数字化到新媒体平台上。传统报纸在内容制作和编辑方面有着丰富的经验和专业团队，但受限于纸质媒介的传播形式，信息更新速度相对较慢。通过将传统报纸的内容数字化到新媒体平台上，可以实现信息的即时更新和全球传播，用户可以随时随地通过互联网获取最新的新闻资讯，提升信息传播的速度和覆盖范围，满足用户对即时性信息的需求。

另一种融合方式是将新媒体的短视频内容整合到传统电视节目中。随着移动互联网的普及和短视频平台的兴起，短视频已成为用户获取信息和娱乐的重要方式。传统电视节目在内容制作和传播方面有着独特优势，通过将新媒体的短视频内容整合到传统电视节目中，可以为用户提供更丰富多样的节目内容，增加节目的趣味性和互动性，吸引更多观众的关注和参与，满足用户对多样化内容的需求。

融合传统媒体和新媒体还可以通过其他方式实现产品形态的

多元化，如将传统广播节目转化为播客形式、将纸质杂志内容制作成数字版等。这些创新形式不仅可以拓展内容呈现的方式，还可以提升用户体验和满足用户个性化的需求。用户可以根据自己的喜好和需求选择不同形式的媒体产品，享受更丰富、更贴近生活的内容服务。

融合传统媒体和新媒体不仅可以丰富产品形态，还可以推动媒体行业的创新发展。传统媒体和新媒体各有优势，通过融合可以实现优势互补，提升内容质量和传播效率，为用户提供更全面、更丰富的信息选择。传统媒体的专业团队和丰富经验可以为新媒体的内容生产提供有力支持，新媒体的数字化优势和创新能力也可以促使传统媒体加速数字化转型，共同推动媒体行业向数字化、多元化、创新化的方向发展。融合传统媒体和新媒体将为媒体行业注入新的活力，为用户提供更优质、更个性化的信息服务，推动媒体行业迈向更加繁荣和可持续的未来。

7.5.3 融合载体全面数字化

（1）传统媒体在数字化转型方面可能存在一定的滞后，而新媒体则天生具备数字化特性。

这一现象反映了传统媒体和新媒体在信息传播领域的不同发展历程和特点。传统媒体长期以来在纸质媒体、广播和电视等形式上占据主导地位，传统媒体的运作模式和文化传统使其在数字化转型过程中面临一些挑战和障碍。相比之下，新媒体作为数字化形式的媒体，从诞生之初就天生具备数字化特性，更加适应当今数字化时代的发展趋势。

传统媒体在数字化转型方面可能存在一定的滞后，主要体现在以下几个方面：

一是文化传统和运作模式：传统媒体在长期的发展过程中形成了自己的文化传统和运作模式，包括编辑流程、发行渠道等，这些传统模式可能限制了传统媒体快速适应数字化环境的能力。

二是技术基础和人才储备：传统媒体在数字化转型过程中需要具备相应的技术基础和人才储备，包括信息技术、数据分析等方面的专业知识和技能。传统媒体在这些领域的积累可能相对不足，需要加大投入和培训以适应数字化转型的需求。

三是商业模式和盈利模式：传统媒体的商业模式和盈利模式主要依赖于广告和发行收入，随着数字化媒体的兴起，传统媒体需要调整自身的商业模式和盈利模式，开发新的盈利渠道和商业模式，这需要时间和资源的积累。

相比之下，新媒体作为数字化形式的媒体，天生具备数字化特性，具有以下优势：

一是灵活性和快速性：新媒体具有灵活性和快速性的优势，可以快速更新内容，实现即时传播，更好地满足用户对信息的即时性需求。

二是互动性和个性化：新媒体强调互动性和个性化，用户可以根据自己的需求选择感兴趣的内容，参与互动，实现个性化定制，提升用户体验。

三是数据驱动和精准营销：新媒体可以通过数据分析和用户行为跟踪实现精准营销，更好地了解用户需求和偏好，提供更具针对性的内容和服务。

尽管传统媒体在数字化转型方面可能存在一定的滞后，但传统媒体也在积极探索数字化转型的道路，加大对数字化技术的应用和人才培养，推动传统媒体向数字化转型迈进。传统媒体和新媒体可以相互借鉴、合作共赢，在数字化转型的过程中实现优势互补，共同推动媒体行业向数字化、多元化、创新化的方向发展。传统媒体的丰富经验和资源与新媒体的数字化优势相结合，将为媒体行业注入新的活力，为用户提供更优质、更多样化的信息服务，推动媒体行业迈向更加繁荣和可持续的未来。

（2）融合可以推动传统媒体的全面数字化转型，包括内容生产、传播渠道、商业模式等方面，提升媒体的数字化水平和竞争力。

融合传统媒体和新媒体是推动传统媒体全面数字化转型的关键举措。这种融合不仅涉及内容生产、传播渠道和商业模式等方面，还需要在组织结构、人才培养和技术应用等方面进行整合，以提升传统媒体的数字化水平和竞争力。

一是融合传统媒体和新媒体可以带来内容生产的革新。传统媒体通常拥有丰富的内容生产经验和资源，但在数字化时代，内容形式和传播方式发生了巨大变化。通过与新媒体的融合，传统媒体可以借鉴新媒体的创新内容形式和互动性，结合自身优势打造更具吸引力和多样性的内容，满足不同用户群体的需求。

二是融合还能促进传统媒体传播渠道的多元化和优化。随着数字化技术的发展，传统媒体需要拓展传播渠道，将内容传播到更广泛的受众群体中。新媒体的数字化传播渠道和社交媒体平台可以为传统媒体提供更多传播途径，实现内容的多渠道发布和互动传播，增强传统媒体的影响力和覆盖范围。

三是融合还涉及传统媒体的商业模式创新。传统媒体的盈利模式主要依赖于广告和发行收入，随着数字化媒体的兴起，广告市场和用户行为也发生了变化。通过与新媒体的融合，传统媒体可以探索新的盈利模式，如付费内容、会员制服务、电商合作等，实现商业模式的多元化和创新，提升经济效益和可持续发展能力。

除了内容生产、传播渠道和商业模式，融合还需要关注传统媒体的组织结构、人才培养和技术应用等方面。传统媒体在数字化转型过程中需要调整组织结构，提升灵活性和快速响应能力，培养具备数字化技能和创新意识的人才，引入新的技术应用，如人工智能、大数据分析等，以提升工作效率和服务质量。

融合传统媒体和新媒体是推动传统媒体全面数字化转型的必由之路。通过融合，传统媒体可以借助新媒体的优势，加速数字化转型步伐，提升数字化水平和竞争力，更好地适应数字化时代的发展需求，为用户提供更优质、更多样化的信息服务，推动媒体行业向数字化、多元化、创新化的方向发展。

（3）新媒体也可以借助传统媒体的品牌影响力和资源优势，实现更广泛的传播和更稳健的商业模式。

新媒体在与传统媒体融合的过程中，可以充分利用传统媒体的品牌影响力和资源优势，从而实现更广泛的传播和更稳健的商业模式。这种跨界合作不仅有利于新媒体的发展，也为传统媒体注入了新的活力和创新思维。

第一，新媒体可以借助传统媒体的品牌影响力来扩大自身的影响范围。传统媒体在长期的发展过程中积累了深厚的品牌底蕴和用户信任，拥有广泛的受众群体和影响力。通过与传统媒体合作，新媒体可以借助传统媒体的品牌溢出效应，快速提升自身知名度和影响力，吸引更多用户和粉丝，实现传播效果的放大和优化。

第二，新媒体可以利用传统媒体的资源优势来拓展内容生产和创新能力。传统媒体通常拥有丰富的内容资源和专业团队，具备深厚的行业经验和专业知识。通过与传统媒体合作，新媒体可以获取传统媒体的优质内容和资源支持，拓展自身内容生产能力，提升内容质量和创新水平，满足用户多样化的需求，实现内容生态的全面升级和优化。

第三，新媒体还可以借助传统媒体的商业模式和运营经验来实现更稳健的商业发展。传统媒体在广告、发行和内容付费等方面积累了丰富的商业运营经验，具备稳定的商业模式和盈利渠道。通过与传统媒体合作，新媒体可以借鉴传统媒体的商业模式，探索更多盈利可能性，建立多元化的商业生态系统，降低商业风险，提升盈利能力和可持续发展性。

除了品牌影响力、资源优势和商业模式，新媒体与传统媒体的合作还可以促进跨界创新和内容跨平台传播。传统媒体和新媒体在内容形式、传播方式和用户互动等方面各具特色，通过合作融合可以实现内容的跨界创新和跨平台传播，为用户提供更丰富、更优质的内容体验，拓展内容传播的边界，提升行业整体的创新能力和竞争力。

因此，新媒体借助传统媒体的品牌影响力和资源优势，可以实现更广泛的传播和更稳健的商业模式。通过跨界合作和融合，传统媒体和新媒体可以共同发挥各自优势，实现优势互补，推动媒体行业向数字化、多元化、创新化的方向迈进，为用户提供更丰富、更多样化的信息服务，构建更具活力和竞争力的媒体生态系统。这种融合不仅有利于传统媒体和新媒体的发展，也将促进整个媒体行业的创新发展，推动行业向前发展，迎接数字化时代的挑战和机遇。

传统媒体与新媒体的融合能够实现优势互补，充分发挥各自的优势，弥补不足，提升整体实力。通过实现媒体资源共享、产品形态多元化和融合载体全面数字化，媒体行业可以更好地适应数字化时代的发展趋势，为用户提供更丰富、更优质的内容和服务，推动整个媒体行业向着更加多元化、创新化和可持续发展的方向迈进。

第八章

传统媒体与新媒体融合的实证分析

2014 年 8 月，中央深化改革领导小组审议通过《关于推动传统媒体和新兴媒体融合发展的指导意见》（以下简称《指导意见》），标志着媒体融合上升为国家战略，这在我国新闻政策史和传媒业发展史上，是一个具有里程碑式意义的创举。

《指导意见》提出，整合新闻媒体资源，推动传统媒体和新兴媒体融合发展，是落实中央全面深化改革部署、推进宣传文化领域改革创新的一项重要任务，是适应媒体格局深刻变化、提升主流媒体传播力公信力影响力和舆论引导能力的重要举措。通过融合发展，使我们的主流媒体科学运用先进传播技术，增强信息生产和服务能力，更好地传播党和政府声音，更好地满足人民群众的信息需求。

本章将对传统媒体与新媒体的融合进行实证分析，阐述融合中存在的问题以及解决对策，同时列举两个具体案例，旨在促进二者优势互补，实现更好的良性发展。

8.1 传统媒体和新媒体融合发展现状

8.1.1 以报业集团为例

习近平总书记在党的二十大报告中提出，加强全媒体传播体系建设，塑造主流舆论新格局。2023 年是媒体融合发展作为国家战略整体推进的第十年。我国传统媒体特别是报业媒体充分利用信息技术的红利，在媒体融合的进程中实现了质与量的提升，特别是探索多元场景传播，新终端新渠道不断拓展，实现了实时、立体化、全覆盖传播。

2023 年初，人民网研究院对全国 1330 家主要报纸（包含党委机关报、专业报、区域型城市类报纸、对象报等）在 2022 年的融合传播情况进行了考察，形成《2022-2023 报业融合发展观察报告》。该研究报告指出，电子报在自建平台中开通率最高，网站开通率次之。自建客户端的开通率虽然较低，但覆盖用户最广，远高于其他渠道用户。13 家报纸的客户端新增下载量超过千万。在第三方平台中，报纸微博账号平均覆盖用户数最多，微信成为报纸开通率最高的新媒体渠道，腾讯视频号入驻率高达65.1%，社交化的视频平台属性，让视频号成为舆论宣发重要阵地。如表 8-1 和 8-2 所示。

表8-1 2022年考察的主要报纸自有传播渠道覆盖情况

渠道	网站 （含集团网站）	电子报	自建客户端 （含集团客户端）
开通报纸数量	709	815	570
开通率 （N=1330）	53.3%	61.3%	42.9%

表8-2 2022年考察的主要报纸在第三方传播渠道覆盖情况

渠道	微博	微信	抖音	快手	今日头条	腾讯新闻	视频号	B站	知乎	喜马拉雅
开通报纸数量	882	1185	878	437	793	432	866	220	149	143
开通率 （N=1330）	66.3%	89.1%	66.0%	32.9%	59.6%	32.5%	65.1%	16.5%	11.2%	10.8%

资料来源：人民网研究院《2022-2023报业融合发展观察报告》

8.1.2 人民日报社推进媒体深度融合发展

人民日报坚持一手抓传统媒体发展，一手抓新媒体建设，在办好传统报纸版面的同时，积极探索报业数字化转型，人工智能、大数据等技术的创新，大幅提升了报纸的内容生产效率。比如2023年两会期间，人民日报推出人工智能编辑部4.0，上新了智能助理、智能绘图、两会视频模板、两会采访速记等功能，各类作品全网累计阅读量超 2 亿。

2024 年 5 月 24 日，2024 文化强国建设高峰论坛"加强全媒体传播体系建设"分论坛上，人民日报社副总编辑徐立京发言指出[①]，人民日报首先是旗帜鲜明讲政治，全力以赴完成好首要政治任务和最重要的政治责任，牢牢把握新型主流媒体建设的中心环节；二是把坚持高质量发展作为新时代的硬道理，从 2022 年开始，人民日报新媒体不间断推出原创动漫视频《新千里江山图》，将技术与创意结合；三是培育传媒领域新质生产力，锻造主流媒体先进技术支撑力，人民日报社正依托传播内容认知全国重点实验室，全体系构建智能化能力，推进人民传播大脑、人民智媒大模型以及主流价值语料库建设、AI 赋能内容生产已经全流程展开；四是走好全媒体时代的群众路线，强化主流媒体共情力，人民网"领导留言板"十年来有超过 450 万条群众和经营主体的意见建议、急难愁盼问题得到各地党政部门回复办理。今年春节期间，人民日报视频客户端发起"来逛菜市场"融媒体活动，从普通群众日常生活中最有情感连接的菜市场切入；五是坚持自主可控，增强主流媒体自有平台吸引力，塑造主流舆论新格局，人民日报视频客户端"视界"以 PUGC 为特色，坚持开门办新媒体，上线一年多来已吸引各类账号 2.3 万个；六是打造全媒体对外传播格局，提升主流媒体国际传播影响力，形成与我国综合国力和国际地位相匹配的国际话语权，人民日报新媒体中心推出的中国共产党国

---

① 谢洋. 精品频出圈 人民日报社这样推进媒体深度融合发展｜文化中国行 [N/OL]. 中国青年报客户端，2024-05-25. http://news.cyol.com/gb/articles/2024-05/25/content_Aj9q6vszLN.html.

际形象网宣片《CPC》、国家形象网宣片《PRC》，中华文明国际形象网宣片《CHN》，以及人民网推出的中国民主故事国际宣传片等，实现跨境传播、跨圈传播。

以《CHN》和《献给春天的演讲》为例。人民日报社新媒体中心出品的中华文明国际形象网宣片《CHN》，以习近平总书记关于中华文明的重要论述为主线展开，通过第一人称视角展现博大精深、海纳百川的中华文明形象，该视频陆续推出15种语言版本向全球播放，总播放量超过2亿；今年3月11日，十四届全国人大二次会议闭幕当晚，人民日报社新媒体中心推出视频作品《献给春天的演讲》，邀请90多岁的游本昌先生作为讲述人，激励年轻一代在建设中国式现代化上勇于追梦、勇往直前，视频播出后，全网播放量超过6.6亿次。诸多爆款精品作品出圈的背后，是人民日报社推进媒体深度融合发展，加快新型主流媒体旗舰建设的成果。

8.2 融合面临的困境分析

在当今数字化时代，传统媒体与新媒体的融合与合作被视为媒体行业发展的必然趋势，然而，实现协同效应却面临诸多困境。从管理机制不完善、融合意识缺失、人员素质差异、发展路径不明确、资源配置不合理到自主研发能力不足，种种挑战阻碍了双方合作的顺利展开，呼唤着行业共同努力与创新，探索解决方案。以下将从管理机制、融合意识、从业人员素质、发展路径、资源配置和自主研发能力等方面进行详细探讨：

8.2.1 管理机制不够完善

（1）传统媒体和新媒体在管理机制上存在差异，传统媒体可能受到较为僵化的传统管理体系的束缚，难以快速响应和调整。

传统媒体与新媒体在管理机制方面存在着显著的差异，这一差异性不仅体现在运营模式和业务理念上，更深刻地反映在管理体系的灵活性和反应速度上。传统媒体根植于长期积累的传统管理框架之中，这些框架在一定程度上呈现出稳定性和成熟性，但也因此可能显得相对僵化和缺乏灵活性。传统媒体的管理体系通常较为复杂，决策层级多、审批程序烦琐，导致信息传递和决策执行效率低下，难以快速响应市场变化和业务需求的变化。在面对新兴市场竞争和技术变革时，传统媒体往往因管理机制的僵化而难以灵活调整战略和资源配置，从而影响了企业的竞争力和创新能力。

相比之下，新媒体则具备更为灵活和快速的管理机制。新媒体公司通常采用扁平化管理结构，注重快速决策和执行，倡导敏捷开发和快速迭代的工作方式。这种管理模式使新媒体公司能够更好地适应市场的变化，更快速地推出新产品和服务，更灵活地调整战略方向。新媒体公司在管理机制上更加注重创新和实验，鼓励员工提出新想法并快速实施，这种开放式的管理风格有助于激发员工的创造力和潜力，推动企业持续发展和创新。然而，新媒体公司也面临着快速发展带来的管理挑战，如组织扁平化可能导致沟通不畅、决策失误等问题，需要不断优化和调整管理机制以保持竞争优势。

因此，传统媒体和新媒体在管理机制上的差异既是各自优势的体现，也是合作与融合的挑战所在。如何在保持传统媒体稳定性与新媒体灵活性的基础上，实现管理机制的有效整合与协同，将是传统媒体与新媒体合作共赢的关键之一。这需要传统媒体注重管理机制的创新与优化，引入更灵活的决策机制和沟通渠道，提高快速响应和调整能力；同时，新媒体也需注重管理机制的完善与规范，建立更为成熟的管理体系和流程，提升组织运作的效率和稳定性。只有在管理机制的协同互补下，传统媒体与新媒体合作才能实现更大的协同效应，共同推动媒体行业向着数字化、创新化的方向迈进。

（2）缺乏灵活、高效的管理机制可能导致决策滞后、沟通不畅、资源配置不合理等问题，影响融合效果。

缺乏灵活、高效的管理机制是传统媒体与新媒体合作中面临的一大挑战，这种情况可能导致一系列问题，如决策滞后、沟通不畅、资源配置不合理等，最终影响融合效果的实现。在传统媒体中，由于传统管理体系的复杂特征，决策往往需要经过多层审批和烦琐程序，导致决策过程缓慢，无法及时响应市场和业务需求的变化。这种决策滞后的现象使得传统媒体在面对快速变化的市场环境时显得缺乏应变能力，难以抓住机遇或应对挑战，从而影响了企业的竞争力和发展前景。

另一方面，沟通不畅也是缺乏灵活、高效管理机制带来的重要问题之一。在传统媒体中，信息传递通常需要经过多层级的管理层，信息沟通渠道相对封闭，导致信息传递不畅、信息失真的风险增加，影响了组织内部的协作效率和决策质量。沟通不畅还可能导致部门之间合作困难，信息孤岛现象严重，影响了企业整体的协同效应和创新能力。在传统媒体与新媒体合作中，沟通不畅会影响双方的合作效率和效果，阻碍双方共同实现优势互补和资源共享，从而限制了合作的深度和广度。

此外，缺乏灵活、高效的管理机制也容易导致资源配置不合理的问题。在传统媒体中，由于管理体系相对僵化，资源配置往往受到固有的部门利益和传统观念的影响，导致资源分配不够灵活和智能化。资源配置不合理会导致资源浪费、效率低下，影响企业的整体运营效益和竞争力。在传统媒体与新媒体合作中，资源配置不合理会影响双方的合作成果和效益，阻碍双方共同利用资源优势和实现合作的最大化效果。

综上，要实现传统媒体与新媒体合作的融合效果，关键在于建立灵活、高效的管理机制。传统媒体需要借鉴新媒体的管理经验，优化管理体系，简化决策程序，提高决策效率和灵活性；加强内部沟通，建立开放、透明的信息传递机制，促进部门间协作和信息共享；合理配置资源，根据市场需求和战略方向灵活调整资源分配，提高资源利用效率和企业竞争力。只有通过建立灵活、高效的管理机制，传统媒体与新媒体才能实现良性互动、优势互补，共同推动媒体行业向数字化、创新化发展。

8.2.2 融合意识有待增强

（1）传统媒体和新媒体在文化、理念和运营模式上存在差异，融合意识不足可能导致合作困难和冲突。

传统媒体和新媒体作为两种不同发展阶段和文化背景下的媒体形态，其在文化、理念和运营模式上存在着明显的差异。这种差异性不仅体现在媒体内容的生产和传播方式上，更深层次地影

响着组织文化、价值观念以及商业模式的塑造。传统媒体往往承
载着较为浓厚的历史文化底蕴和传统价值观念，注重内容的深度
和稳定性，强调对权威性和客观性的追求。而新媒体则更加注重
即时性、互动性和个性化定制，倡导开放性、多元化和用户参与，
更加灵活和快速地适应市场和用户需求的变化。

在文化和理念层面，传统媒体强调传统的新闻价值观念，如
客观、公正、权威等，注重新闻报道的深度和专业性。而新媒体
则更注重用户体验和互动性，强调内容的个性化定制和社交化传
播，追求与用户的实时互动和反馈。这种文化和理念上的差异可
能导致传统媒体和新媒体在合作过程中出现认知冲突和价值观念
不合，影响双方的合作效果和共同目标的达成。

在运营模式上，传统媒体通常采用较为传统的组织结构和决
策机制，决策层级多、审批程序烦琐，运营模式相对固化。而新
媒体则倡导扁平化管理结构和快速决策执行，注重敏捷开发和快
速迭代的工作方式。这种运营模式上的差异可能导致传统媒体和
新媒体在合作过程中出现沟通不畅、决策滞后等问题，影响合作
的高效性和灵活性。

融合意识不足是传统媒体和新媒体合作中的另一个重要问
题。由于双方文化、理念和运营模式的差异，缺乏足够的融合意
识和共识，容易导致合作的困难和冲突。传统媒体可能对新兴的
新媒体形式和技术持保守态度，难以接受和融入新媒体的创新理
念和运营模式；而新媒体则可能忽视传统媒体的专业性和传统价
值观念，难以与传统媒体有效沟通和协作。缺乏融合意识会导致
双方在合作过程中出现认知隔阂、合作障碍，影响合作的顺利进

行和成果的实现。

　　为了解决传统媒体和新媒体合作中可能出现的问题，双方需要加强沟通与理解，建立共同的合作目标和价值观念，促进文化融合和理念碰撞，实现优势互补和资源共享。传统媒体可以借鉴新媒体的创新理念和运营模式，引入新技术和新思维，提升内容生产和传播效率；新媒体则可以尊重传统媒体的专业性和传统价值观念，与传统媒体深度合作，共同探索媒体融合的新路径。只有通过双方的共同努力和融合意识，传统媒体和新媒体才能实现良性互动、优势互补，共同推动媒体行业向数字化、创新化的方向发展。

　　（2）缺乏共同的价值观和目标导致合作过程中出现摩擦和阻力，影响协同效应的发挥。

　　缺乏共同的价值观和目标是导致传统媒体和新媒体在合作过程中出现摩擦和阻力的重要原因。传统媒体和新媒体作为两种不同发展阶段和文化背景下的媒体形态，其所承载的价值观念和经营理念往往存在较大差异。传统媒体注重专业性、客观性和权威性，强调深度报道和传统新闻价值观；而新媒体则更加注重即时性、互动性和个性化定制，倡导用户参与和社交化传播。这种差异导致双方在合作中往往缺乏共同的理念和目标，使得合作过程中出现摩擦和阻力，影响协同效应的发挥。

　　缺乏共同的价值观和目标会导致传统媒体和新媒体在合作过程中出现认知偏差和沟通障碍。双方由于文化和理念上的差异，可能对彼此的工作方式、价值观念和目标设定产生误解，难以达成一致意见。传统媒体可能认为新媒体过于注重轻松娱乐内容，缺乏深度和专业性；而新媒体可能觉得传统媒体保守守旧，难以适应快速变化的市场需求。这种认知偏差和沟通障碍会影响双方合作的顺利进行，阻碍协同效应的发挥。

同时，缺乏共同的价值观和目标也会影响传统媒体和新媒体在合作中的决策和执行效率。在合作过程中，双方如果没有明确的共同目标和价值导向，很容易产生决策不一致、执行不到位的问题。传统媒体和新媒体可能因为理念和目标的差异而在合作项目的方向、内容和执行方式上产生分歧，导致合作计划的推进受阻，影响合作效果的实现。缺乏共同的价值观和目标会使合作过程中的决策变得困难和复杂，降低合作的效率和效果。

在合作过程中，缺乏共同的价值观和目标还会影响传统媒体和新媒体之间的信任和合作意愿。价值观念和目标的不一致容易导致双方之间的矛盾和竞争，使得合作关系缺乏稳定性和持久性。传统媒体和新媒体如果无法建立起相互信任和共同目标的基础，合作关系很可能会陷入僵局，影响双方的合作意愿和积极性。缺乏共同的价值观和目标会使合作过程中的合作氛围变得紧张和不友好，阻碍双方共同努力实现协同效应。

为解决缺乏共同的价值观和目标所带来的合作困难和阻力，传统媒体和新媒体需要加强沟通与理解，建立共同的合作理念和目标。双方可以通过深入交流和协商，明确合作的价值导向和目标设定，建立起共同的合作框架和规划，促进双方在文化、理念和运营模式上的融合。传统媒体可以借鉴新媒体的创新理念和运营模式，引入新技术和新思维，提升内容生产和传播效率；新媒体则可以尊重传统媒体的专业性和传统价值观念，与传统媒体深度合作，共同探索媒体融合的新路径。只有通过双方的共同努力和融合意识，传统媒体和新媒体才能实现良性互动、优势互补，共同推动媒体行业向数字化、创新化的方向发展。

8.2.3 从业人员的整体素质偏低

（1）传统媒体和新媒体对人才需求有所不同，传统媒体人员可能缺乏数字化技能和创新意识，新媒体人员则可能缺乏传统媒体的专业知识和经验。

传统媒体和新媒体作为不同发展阶段的媒体形态，对人才需求有着各自独特的特点和要求。传统媒体在长期的发展过程中积累了丰富的传统媒体经验和专业知识，注重内容的深度和稳定性，强调对权威性和客观性的追求。然而，随着数字化时代的到来，新媒体的兴起给传统媒体带来了挑战，要求传统媒体人员具备更多的数字化技能和创新意识。相反，新媒体人员则更注重即时性、互动性和个性化定制，倡导开放性、多元化和用户参与，可能缺乏传统媒体的专业知识和经验。

传统媒体人员在长期从事传统媒体行业的过程中，通常具备扎实的新闻学、传播学等专业知识和技能，擅长深度报道和编辑工作。然而，随着数字化媒体的崛起，传统媒体人员可能面临着数字化转型的挑战。他们可能缺乏数字化技能，不熟悉新媒体平台和工具的操作，对数据分析、社交媒体营销等数字化领域的要求感到陌生。此外，传统媒体人员可能缺乏创新意识，习惯于传统的工作方式和思维模式，对于新兴的媒体形式和技术创新缺乏敏感性和适应性。这些因素可能影响传统媒体人员在数字化媒体环境下的适应能力和竞争力。

相反，新媒体人员通常具备较强的数字化技能和创新意识，擅长运用新技术和新媒体工具进行内容创作和传播。他们熟悉各类数字化平台和社交媒体工具，善于利用数据分析和用户反馈优化内容策略。然而，新媒体人员可能缺乏传统媒体的专业知识和深度报道能力。他们可能对新闻伦理、新闻价值观念等传统媒体领域的要求不够了解，缺乏对新闻报道的深度和专业性的追求。在面对复杂的社会现实和专业领域时，新媒体人员可能需要进一步提升自身的专业素养和知识水平，以适应更广泛的媒体工作需求。

为了解决传统媒体和新媒体人才之间的差异和互补性，传统媒体和新媒体可以开展人才交流和培训，实现优势互补、资源共享。传统媒体可以通过培训和转岗安排，帮助传统媒体人员提升数字化技能和创新意识，引入新技术和新思维，促进传统媒体向数字化、创新化的转型。同时，传统媒体人员也可以向新媒体人员学习数字化技能和创新经验，拓展自己的工作视野和能力范围。新媒体则可以借鉴传统媒体的专业知识和深度报道经验，提升内容的质量和专业性，拓展自身的发展空间和影响力。通过双方人才间的互相学习和交流，传统媒体和新媒体可以实现人才优势互补，推动媒体行业向数字化、创新化发展。

（2）人员素质的差异可能导致团队合作困难、沟通不畅，影响融合效果和协同效应的发挥。

人员素质的差异是团队合作中常见的挑战之一，尤其在传统媒体和新媒体之间存在差异较大的情况下，这一问题更加突出。传统媒体和新媒体的人员素质差异主要体现在专业知识、技能背景、工作经验、工作习惯、沟通方式等方面，这些差异可能导致团队合作困难、沟通不畅，进而影响融合效果和协同效应的发挥。

第一，人员素质的差异会影响团队合作的效率和效果。在传统媒体和新媒体团队中，由于人员来自不同的背景和领域，可能存在专业知识和技能的差异。传统媒体人员可能更擅长深度报道和编辑工作，注重新闻价值观念和传播原则；而新媒体人员则更注重数字化技能和创新意识，擅长运用新媒体工具和平台进行内容创作和传播。这种差异可能导致团队成员在工作目标、工作方式、工作重点等方面产生分歧，影响团队合作的协调性和一致性，降低团队的整体工作效率。

第二，人员素质的差异会影响团队成员之间的沟通和协作。在传统媒体和新媒体团队中，由于人员素质的差异，团队成员之间可能存在沟通障碍和理解偏差。传统媒体人员和新媒体人员在专业术语、工作方式、工作习惯等方面可能存在认知差异，导致沟通不畅、信息传递不准确，影响团队成员之间的合作和协作效果。缺乏有效的沟通和协作机制会使团队合作变得困难，阻碍团队共同实现工作目标和任务。

第三，人员素质的差异还可能影响团队成员之间的互信和团队凝聚力。在传统媒体和新媒体团队中，由于人员素质的差异，团队成员之间可能存在认知偏差和信任障碍。传统媒体人员和新媒体人员可能因为工作方式、价值观念等方面的差异而产生误解和矛盾，降低团队成员之间的信任度和合作意愿。缺乏互信和团队凝聚力会影响团队的凝聚力和协同效应，降低团队的整体执行力和创新能力。

为解决人员素质差异导致的团队合作困难和影响协同效应的问题，团队管理者和领导者可以采取一系列措施来加强团队协作和凝聚力。首先，团队管理者可以通过定期团队培训和交流活动，帮助团队成员了解彼此的工作特点和优势，促进团队成员之间的相互了解和尊重。其次，团队管理者可以建立有效的沟通机制和协作平台，促进团队成员之间的信息共享和协作交流，提升团队的工作效率和协同效应。此外，团队管理者还可以激励团队成员之间的合作意愿，建立团队共同的目标和愿景，激发团队成员的团队凝聚力和创新潜力，共同推动团队向更高水平发展。通过以上措施的实施，团队可以克服人员素质差异带来的困难，实现团队协作的良好效果，发挥协同效应的最大潜力。

8.2.4 融合发展的路径尚不明确

（1）传统媒体和新媒体融合发展的路径并不明确，缺乏统一的发展方向和战略规划，容易导致方向不清、目标不明确的问题。

传统媒体和新媒体作为媒体行业的两大支柱，在数字化时代的浪潮下，面临着融合发展的重要挑战和机遇。然而，传统媒体和新媒体融合发展的路径并不明确，缺乏统一的发展方向和战略规划，容易导致方向不清、目标不明确的问题。在这样的背景下，如何有效促进传统媒体和新媒体的融合发展，实现优势互补、资源共享，成为媒体行业发展的关键课题之一。

第一，传统媒体和新媒体融合发展的路径不明确，主要体现在发展方向的不确定性。传统媒体和新媒体在内容生产、传播方式、商业模式等方面存在较大差异，如何在融合发展过程中找到适合双方的发展方向，是当前亟待解决的问题之一。传统媒体侧重深度报道和专业性，强调内容的权威性和客观性；而新媒体则更注重即时性、互动性和个性化定制，倡导开放性、多元化和用户参与。在传统媒体和新媒体的融合发展中，如何平衡双方的优势，找到适合双方的发展路径，需要制定清晰的发展战略和规划，引领双方共同前行。

　　第二，传统媒体和新媒体融合发展的路径也存在目标不明确的问题。在数字化时代，传统媒体和新媒体的发展目标和商业模式发生了深刻变化，如何确定融合发展的共同目标和愿景，成为推动双方合作的关键因素。传统媒体和新媒体在内容创作、传播渠道、用户互动等方面存在差异，如何在融合发展过程中明确双方的发展目标，协调双方的工作重点，实现资源共享和优势互补，需要建立起统一的发展愿景和目标导向。缺乏明确的发展目标和战略规划会导致双方在融合发展过程中目标不一致、行动分散，影响融合效果和协同效应的发挥。

　　针对传统媒体和新媒体融合发展路径不明确、缺乏统一发展方向和战略规划的问题，可以采取一系列措施来推动双方融合发展，实现优势互补、资源共享。比如，建立统一的发展愿景和目标导向是推动传统媒体和新媒体融合发展的关键。双方可以共同制定发展规划和战略目标，明确发展方向和发展重点，建立起统一的发展愿景，引领双方共同前行。通过以上措施的实施，传统媒体和新媒体可以共同克服融合发展路径不明确、目标不明确的问题，实现双方的良性互动与共同发展。

　　（2）缺乏明确的发展路径可能导致资源分散、效率低下，难以实现协同效应和最大化利益。

缺乏明确的发展路径是许多组织和行业在发展过程中常见的问题之一。在传统媒体和新媒体融合发展的背景下，如果缺乏明确的发展路径，就会面临资源分散、效率低下等挑战，难以实现协同效应和最大化利益。这种情况下，如何有效应对这些挑战，找到合适的发展路径，成为推动传统媒体和新媒体融合发展的关键所在。

第一，缺乏明确的发展路径可能导致资源分散。在传统媒体和新媒体融合发展的过程中，如果缺乏明确的发展路径和规划，各方往往会根据自身理解和判断进行行动，导致资源分散，重复投入，甚至出现资源浪费的情况。传统媒体和新媒体在人员、资金、技术等方面拥有各自的优势和资源，如何合理整合和利用这些资源，需要建立明确的发展路径和规划，避免资源的分散使用，提高资源利用效率，实现资源的最大化价值。

第二，缺乏明确的发展路径可能导致效率低下。在传统媒体和新媒体融合发展的过程中，如果各方在发展方向、工作重点、目标任务等方面缺乏共识和统一规划，就会导致工作效率低下，工作成果不明显，甚至出现冲突和混乱的情况。传统媒体和新媒体在内容生产、传播方式、商业模式等方面存在差异，如何在融合发展过程中明确工作任务和责任分工，提高工作效率，需要建立起明确的发展路径和工作规划，引导双方共同行动，实现工作的高效推进。

第三，缺乏明确的发展路径也会影响协同效应的实现和最大化利益的获取。在传统媒体和新媒体融合发展的过程中，如果各方在发展路径和战略规划上存在分歧和不确定性，就会影响双方的合作协同效应，难以实现资源优势互补、信息共享和协同创新，影响最大化利益的获取。如何建立起明确的发展路径和合作机制，促进双方资源共享和优势互补，实现协同效应和最大化利益，是推动传统媒体和新媒体融合发展的关键所在。

为了解决缺乏明确的发展路径可能导致的问题，推动传统媒体和新媒体融合发展取得更好的效果，可以采取一系列措施。比如，加强双方的合作交流和沟通是推动融合发展的重要手段。传统媒体和新媒体可以通过举办合作论坛、交流研讨会等活动，促进双方之间的交流与合作，增进彼此的了解和信任，共同探讨融合发展的路径和策略。此外，鼓励双方开展项目合作和资源共享，实现优势互补、互利共赢，推动传统媒体和新媒体在内容生产、传播渠道、商业模式等方面的融合发展。通过以上措施的实施，传统媒体和新媒体可以共同克服发展路径不明确带来的问题，实现双方的良性互动与共同发展。

8.2.5 资源配置不合理

（1）传统媒体和新媒体在资源配置上存在差异，可能导致资源的重复利用或浪费，影响融合效果。

传统媒体和新媒体作为媒体行业的两大支柱，在数字化时代的发展中扮演着重要的角色。然而，由于传统媒体和新媒体在资源配置上存在差异，可能导致资源的重复利用或浪费，进而影响两者融合效果。这一问题的解决需要深入了解两者资源配置的特点，制定有效的整合策略，以实现资源的最优利用和融合效果的最大化。

　　首先，传统媒体和新媒体在资源配置上存在明显的差异。传统媒体通常拥有丰富的内容生产经验、专业的编辑团队以及完善的传播渠道，注重深度报道和内容质量；而新媒体则更加注重即时性、互动性和个性化定制，擅长运用数字化技术和社交媒体平台进行内容传播。这种差异导致了传统媒体和新媒体在资源配置上存在一定的矛盾和互补性，如果不加以合理整合和利用，就容易出现资源的重复利用或浪费，影响融合效果。

　　其次，资源的重复利用或浪费可能会影响传统媒体和新媒体的融合效果。在融合发展的过程中，如果传统媒体和新媒体在资源配置上存在重复投入的情况，不仅会造成资源的浪费，还可能导致工作效率降低、合作协同效应减弱，最终影响融合效果的达成。例如，如果新媒体和传统媒体同时投入大量资源进行相似内容的制作和传播，就可能导致双方在同一领域竞争激烈，资源分散，效率低下，难以实现优势互补和合作共赢。

　　为了有效应对传统媒体和新媒体在资源配置上存在的差异，避免资源的重复利用或浪费，需要采取一系列措施来优化资源配置，实现融合效果的最大化。首先，建立资源共享机制是解决资源重复利用或浪费问题的重要途径。传统媒体和新媒体可以通过建立合作框架协议、共享资源平台等方式，实现资源的共享和互补，避免重复投入，提高资源利用效率。其次，制定明确的工作分工和任务规划是优化资源配置的关键。传统媒体和新媒体可以明确各自的优势和定位，合理分工，避免重叠和冲突，实现资源的有序配置和协同作战。此外，加强沟通与协调也是优化资源配置的重要手段。传统媒体和新媒体可以通过加强沟通交流、建立协调机制等方式，促进双方的合作与协同，实现资源的最优配置和融合效果的最大化。

综上所述，传统媒体和新媒体在资源配置上存在差异，可能导致资源的重复利用或浪费，进而影响融合效果。通过建立资源共享机制、制定明确的工作分工和任务规划，加强沟通与协调等措施，可以有效优化资源配置，实现传统媒体和新媒体的优势互补，推动融合发展取得更好的效果。

（2）资源配置不合理也可能导致某一方资源匮乏，影响合作的顺利进行和协同效应的发挥。

资源配置在合作关系中起着至关重要的作用，不合理的资源配置可能导致某一方资源匮乏，进而影响合作的顺利进行和协同效应的发挥。在各种合作形式中，尤其是在传统媒体和新媒体融合发展的背景下，合理的资源配置是实现合作共赢的基础。资源匮乏可能会导致一方无法充分发挥实力，影响整体合作效果，因此，建立合理的资源配置机制至关重要。

一是资源配置不合理可能会导致某一方资源匮乏。在传统媒体和新媒体的合作中，由于双方资源配置存在差异，如果一方在人员、资金、技术等方面资源投入不足，就会导致资源匮乏，影响其在合作中的发挥和作用。例如，如果新媒体在技术研发方面投入不足，无法满足合作项目的需求，就会导致合作效果的降低，甚至影响合作的顺利进行。因此，合作双方需要充分考虑各自的资源优势和需求，制订合理的资源配置方案，避免资源匮乏的情况发生。

二是资源匮乏会影响合作的顺利进行和协同效应的发挥。在合作过程中，如果一方资源匮乏，就会导致合作项目无法按时完成，影响合作进度和质量，进而影响协同效应的发挥。合作双方在资源配置不合理的情况下，可能出现合作目标不明确、工作任务冲突等问题，影响合作的顺利进行。资源匮乏还可能导致合作双方在竞争中处于劣势地位，影响合作的长期发展和可持续性。因此，合作双方需要共同努力，确保资源的合理配置，充分发挥各自优势，实现合作的双赢局面。

为了解决资源配置不合理可能导致的资源匮乏问题，促进合作的顺利进行和协同效应的发挥，合作双方可以采取一系列措施。首先，建立资源共享机制是解决资源匮乏问题的重要途径。合作双方可以通过建立资源共享平台、共建研发中心等方式，实现资源的共享和互补，充分利用双方资源优势，避免资源匮乏的情况发生。其次，制订明确的资源配置方案和工作计划是优化资源配置的关键。合作双方可以根据合作项目的需求和资源情况，制订合理的资源配置方案和工作计划，明确工作目标和任务分工，确保资源的合理利用和充分发挥。此外，加强沟通与协调也是促进资源合理配置的重要手段。合作双方可以通过加强沟通交流、建立协调机制等方式，共同协商解决资源配置不合理的问题，推动合作的顺利进行和协同效应的发挥。

总而言之，资源配置不合理可能导致某一方资源匮乏，影响合作的顺利进行和协同效应的发挥。通过建立资源共享机制、制订明确的资源配置方案和工作计划，加强沟通与协调等措施，合作双方可以有效解决资源匮乏问题，实现资源的最优配置，推动合作的顺利进行和协同效应的最大化。

8.2.6 缺乏自主研发能力

（1）传统媒体和新媒体在技术研发能力上存在差距，传统媒体可能缺乏自主研发能力，难以快速跟进新技术和趋势。

传统媒体和新媒体作为媒体行业的两大支柱，在技术研发能力上存在差距，这一差距导致传统媒体可能缺乏自主研发能力，难以快速跟进新技术和趋势。随着科技的不断进步和数字化时代的到来，新媒体以其灵活性、互动性和个性化特点迅速崛起，而传统媒体则面临着技术转型和创新的挑战。在这种背景下，传统媒体需要认识到技术研发能力的重要性，加强自身的创新能力，以适应行业发展的新要求。

第一，传统媒体和新媒体在技术研发能力上存在明显的差距。新媒体以其数字化、互联网化的特点，注重技术创新和产品研发，能够快速响应市场需求，推出符合用户口味的新产品和服务。相比之下，传统媒体在技术研发方面可能存在滞后和不足，缺乏自主研发能力，难以快速跟进新技术和趋势。传统媒体在面对数字化转型的挑战时，常常面临技术更新换代的困境，无法及时适应市场变化，影响企业的竞争力和发展前景。

第二，传统媒体缺乏自主研发能力会影响其创新能力和市场竞争力。在当今信息爆炸的时代，技术创新是推动媒体行业发展的关键驱动力。新媒体通过不断创新和技术研发，不断推出新产品、新服务，满足用户需求，拓展市场份额。而传统媒体如果缺乏自主研发能力，就会局限于跟随他人的步伐，无法在技术领域取得突破性进展，导致市场竞争力下降，甚至面临被淘汰的风险。因此，传统媒体需要重视技术研发能力的提升，加强创新意识，推动技术创新，以保持竞争优势和市场地位。

　　针对传统媒体缺乏自主研发能力，难以快速跟进新技术和趋势的问题，应采取一系列措施来加强技术创新和提升研发能力。首先，传统媒体可以加大对技术人才的培养和引进力度，建立专业的研发团队，提升自身的技术研发实力。其次，传统媒体可以与高校、科研机构等合作，开展技术创新项目，共享资源和经验，促进技术成果的转化和应用。此外，传统媒体还可以加强与新媒体的合作与交流，借鉴其技术创新经验，推动传统媒体的转型升级。同时，传统媒体可以积极开展数字化转型，借助互联网技术和大数据分析等工具，提升内容生产和传播能力，满足用户多样化的需求。

　　综上，传统媒体和新媒体在技术研发能力上存在差距，传统媒体可能缺乏自主研发能力，难以快速跟进新技术和趋势。为了提升传统媒体的竞争力和创新能力，传统媒体需要加强技术研发，培养人才，加强合作与交流，推动数字化转型，以适应行业发展的新趋势，实现可持续发展和长期竞争优势。

　　（2）缺乏自主研发能力可能导致依赖外部技术支持，增加合作成本和风险，限制协同效应的发挥。

　　缺乏自主研发能力可能导致依赖外部技术支持，增加合作成本和风险，限制协同效应的发挥。在当今科技快速发展的时代背景下，自主研发能力对于企业的竞争力和创新能力至关重要。如果企业缺乏自主研发能力，就很可能会面临依赖外部技术支持的局面，这不仅会增加合作成本和风险，还会限制协同效应的发挥，影响企业的可持续发展和竞争优势。

第一，缺乏自主研发能力意味着企业在技术创新和产品研发方面依赖外部技术支持。在当今科技日新月异的时代，技术的更新换代速度非常快，企业如果缺乏自主研发能力，就很难跟上技术发展的步伐，无法独立开展技术创新和产品研发工作。这就需要企业不断依赖外部技术支持，购买技术产品或服务，以满足市场需求。然而，依赖外部技术支持会增加企业的合作成本，降低企业的灵活性和竞争力，同时也增加了外部风险的承担。

第二，依赖外部技术支持会增加合作成本和风险。企业在与外部技术供应商合作时，需要支付一定的费用以获取技术支持，这就增加了企业的合作成本。同时，由于企业缺乏对技术的掌控和理解，可能会面临技术实施风险、技术不稳定性风险等问题，导致合作项目的延误和失败，进而增加了企业的经营风险。如果企业长期依赖外部技术支持，就会造成企业在技术方面的依赖性过强，缺乏自主创新能力，影响企业的长期发展和竞争力。

第三，缺乏自主研发能力限制了协同效应的发挥。协同效应是指多方合作共同努力所产生的综合效果大于各方单独努力的效果。如果企业缺乏自主研发能力，依赖外部技术支持，就会影响合作伙伴之间的协同效应。在合作过程中，由于技术支持来自外部，各方往往无法深入了解技术细节和核心原理，难以形成真正的技术共享和协同创新，从而限制了协同效应的发挥。缺乏自主研发能力也会影响企业在合作中的话语权和议价能力，降低合作的效率和效果，阻碍合作伙伴之间的深度互动和共同发展。

为了解决缺乏自主研发能力可能导致的问题，企业可以采取一系列措施来提升自主研发能力，降低对外部技术支持的依赖。

首先，企业可以加大对技术人才的培养和引进力度，建立专业的研发团队，提升自身的技术研发实力。其次，企业可以加强与高校、科研机构等的合作，共同开展技术研发项目，促进技术成果的转化和应用。此外，企业还可以加强内部创新文化建设，鼓励员工提出创新想法，推动自主研发能力的提升。通过这些努力，企业可以降低对外部技术支持的依赖，提升自主创新能力，实现可持续发展和长期竞争优势。

在面对以上困境时，传统媒体和新媒体可以通过加强沟通与协调、建立灵活的管理机制、加强人才培训和交流、制定明确的融合发展战略、优化资源配置和加大自主研发投入等措施来克服困境，实现更好的协同效应和合作成果。通过共同努力和持续改进，传统媒体和新媒体可以充分发挥各自优势，实现互补合作，共同推动媒体行业向前发展。

8.3 融合发展对策

在当今数字化时代，传统媒体与新媒体的融合已经成为不可逆转的趋势。随着科技的迅猛发展和用户需求的不断变化，传统媒体面临着前所未有的挑战和机遇。在这样的背景下，发挥传统媒体与新媒体的协同效应，已经成为业界关注的焦点之一。通过深入探讨如何做强传统媒体、把握时代走向、强调内容为王以及跨界资源共享等对策，我们可以为传统媒体与新媒体的有效融合提供更具实践意义的指导，推动行业向更加创新、协同和可持续发展的方向迈进。

8.3.1 做强传统媒体，树立主流权威

（1）传统媒体可以通过提升自身的内容质量和报道水平，树立权威形象，赢得受众信任。建立高品质的新闻团队，加强深度报道和独家新闻发布，提升传统媒体在舆论引导和舆论监督方面的地位。

在当今信息爆炸的时代，传统媒体面临着前所未有的挑战和机遇。在这个数字化时代，信息传播的速度之快、形式之多样让传统媒体感到压力重重，但同时也为其提供了广阔的发展空间。如何在激烈的竞争中脱颖而出，如何在新媒体的冲击下保持传统媒体的生命力和影响力，这是摆在传统媒体面前的重要课题。

传统媒体可以通过不断提升自身的内容质量和报道水平来树立权威形象，赢得受众的信任。内容质量一直是传统媒体的核心竞争力，而在新媒体时代，内容的品质更显得尤为重要。建立高品质的新闻团队是关键之一，这需要拥有一支专业、敬业、具备扎实新闻素养的团队，他们能够深度挖掘新闻事件背后的故事，提供有深度、有分析的报道，而不是浅尝辄止的表面报道。只有通过深度报道和独家新闻发布，传统媒体才能在信息过载的环境中脱颖而出，吸引受众的眼球，赢得他们的信任和认可。

在当今信息爆炸的时代，受众对于新闻的真实性和可信度更加关注。建立权威形象不仅仅是提供高质量的内容，更要在舆论引导和舆论监督方面具备一定的地位。传统媒体作为社会舆论的重要引导者和监督者，其责任重大，影响深远。加强舆论引导，不仅要有自己的立场和观点，更要有深刻的思考和独到的见解，引领受众正确看待事物，形成健康的舆论氛围。同时，在舆论监

督方面，传统媒体更应该发挥其监督社会、监督权力的作用，秉公执法，不畏强权，勇于揭露问题，维护社会公平正义。

在这个数字化时代，传统媒体需要不断创新，不断提高自身的竞争力。只有通过提升内容质量、加强深度报道、树立权威形象，传统媒体才能在新媒体的冲击下立于不败之地，继续发挥其在社会舆论引导和监督方面的重要作用。传统媒体需要适应时代的变化，与时俱进，才能在激烈的竞争中立于不败之地，保持其影响力和生命力。

（2）传统媒体可以利用自身的历史积淀和影响力，打造专业化、特色化的内容，吸引更多受众，形成自己的独特竞争优势。

传统媒体作为信息传播领域的重要组成部分，拥有丰富的历史积淀和深厚的影响力。这些宝贵的资源不仅是传统媒体的独特优势，更是其在数字化时代中立于不败之地的重要支撑。传统媒体可以借助这些历史积淀和影响力，打造专业化、特色化的内容，吸引更多受众，形成自己的独特竞争优势。

一是传统媒体可以通过挖掘自身丰富的历史积淀，将其转化为具有时代价值的内容。传统媒体在长期发展过程中积累了大量的新闻报道、专业知识和资源，这些宝贵的历史积淀可以成为传统媒体创作内容的重要源泉。传统媒体可以深入挖掘历史事件、人物故事等独有资源，结合当下热点话题和受众需求，打造具有专业性和深度的内容，吸引更多受众的关注和认可。

二是传统媒体可以利用自身的影响力，打造独特的内容特色，形成自己的品牌优势。传统媒体在长期的发展中积累了良好的声誉和影响力，拥有一定的话语权和社会认可度。传统媒体可以通过强化自身在某一领域的专业性和权威性，打造独特的内容特色，树立自己在该领域的权威形象。例如，可以通过建立专业的报道团队、推出深度剖析的专题报道、举办高水准的专业活动等方式，形成自己独特的内容风格和品牌形象，吸引更多受众的关注和信赖。

三是传统媒体可以结合当下的数字化趋势，利用新技术手段和创新模式，将传统优势与数字化优势相结合，实现内容的专业化和特色化。传统媒体可以通过构建多元化的内容生态，包括文字、图片、视频、互动等多种形式，满足不同受众的需求，提升用户体验，增强黏性和互动性。同时，传统媒体还可以借助大数据分析、人工智能等技术手段，深度挖掘用户数据，精准把握受众喜好和需求，实现内容个性化推荐，提升内容传播的效果和影响力。

综上分析，传统媒体可以利用自身的历史积淀和影响力，打造专业化、特色化的内容，吸引更多受众，形成自己的独特竞争优势。通过不断创新和发展，传统媒体可以在数字化时代中保持活力和影响力，赢得更广泛的认可和支持。

8.3.2 把握时代走向，更新、深化媒体融合理念

（1）传统媒体应积极融合新媒体技术和理念，拓展内容传播渠道，提升用户体验。通过建设全媒体平台，实现文字、图片、视频、直播等多种形式的内容呈现，满足用户多样化的需求。

在当今数字化信息时代，传统媒体正面临着前所未有的挑战和机遇。为了适应这一变革潮流，传统媒体应积极融合新媒体技术和理念，拓展内容传播渠道，以提升用户体验为目标。通过建

设全媒体平台，传统媒体可以实现文字、图片、视频、直播等多种形式的内容呈现，满足用户多样化的需求，从而实现内容传播的全方位覆盖和深度渗透。

传统媒体在融合新媒体技术和理念方面具有巨大的潜力和优势。新媒体技术的快速发展为传统媒体提供了丰富的创新工具和传播平台，传统媒体可以借助这些技术手段，拓展内容传播渠道，提升内容呈现的多样性和互动性。通过与新媒体平台合作或自主开发全媒体平台，传统媒体可以实现文字、图片、视频、直播等多种形式的内容展示，为用户提供更丰富、更生动的阅读体验。

建设全媒体平台不仅可以丰富传统媒体的内容形式，更可以提升用户体验，满足用户多样化的需求。传统媒体可以通过全媒体平台实现内容的多通道传播，使用户可以随时随地获取到自己感兴趣的内容，提高内容的传播效率和覆盖范围。同时，全媒体平台还可以实现内容的个性化推荐和定制，根据用户的偏好和行为习惯，精准推送符合用户兴趣的内容，提升用户的黏性和忠诚度。

除了内容形式的丰富多样，全媒体平台还可以为传统媒体带来更多的商业机会和盈利模式。通过全媒体平台，传统媒体可以拓展广告投放渠道，开发付费会员制度，推出线上线下互动活动等多种商业模式，实现内容变现，提升盈利能力。全媒体平台的建设不仅可以提升用户体验，更可以为传统媒体带来更广阔的发展空间和商业机会，实现内容传播与商业价值的双赢。

因此，传统媒体应积极融合新媒体技术和理念，拓展内容传播渠道，提升用户体验。通过建设全媒体平台，实现多种形式的内容呈现，满足用户多样化的需求，为传统媒体的发展注入新的活力和动力。只有不断创新、与时俱进，传统媒体才能在数字化时代中保持竞争力，赢得用户的青睐和支持。

（2）不断更新技术设备和工作流程，培养适应数字化时代的人才，推动传统媒体向数字化转型，实现传统媒体与新媒体的有效融合。

在当今数字化时代，传统媒体面临着前所未有的挑战和机遇。为了适应这一变革的潮流，传统媒体必须不断更新技术设备和工作流程，培养适应数字化时代的人才，推动传统媒体向数字化转型，实现传统媒体与新媒体的有效融合。这一转型过程不仅是对传统媒体自身发展的必然要求，更是实现传统媒体长期可持续发展的关键路径。

首先，传统媒体需要不断更新技术设备和工作流程，以适应数字化时代的要求。随着新技术的不断涌现和发展，传统媒体应积极引入先进的数字化技术设备，如云计算、大数据分析、人工智能等，优化生产流程，提高内容生产效率和质量。通过数字化工具的应用，传统媒体可以实现内容生产、编辑、发布等环节的智能化和自动化，提升工作效率，降低成本，更好地适应数字化时代的要求。

其次，传统媒体需要培养适应数字化时代的人才，构建具备数字化素养和创新能力的团队。数字化时代对传统媒体人才提出了更高的要求，传统媒体需要拥有一支具备数字化思维和技能的专业团队。传统媒体可以通过培训、引进外部人才、搭建创新实验室等方式，提升员工的数字化素养和创新能力，激发团队的创造力和活力，推动传统媒体向数字化转型。

同时，传统媒体还应积极推动传统媒体与新媒体的有效融合，实现内容生产、传播和营销的无缝连接。传统媒体可以借助新媒体平台的资源和技术优势，拓展内容传播渠道，吸引更多年轻用户，提升用户黏性和互动性。传统媒体可以通过与新媒体平台合作、共建联合内容、开展跨界合作等方式，实现内容生态的多元化和互补性，为用户提供更丰富、更全面的信息服务，实现传统媒体与新媒体的优势互补，共同推动行业的发展与创新。

所以，不断更新技术设备和工作流程，培养适应数字化时代的人才，推动传统媒体向数字化转型，实现传统媒体与新媒体的有效融合是传统媒体发展的必由之路。只有不断创新、与时俱进，传统媒体才能在数字化时代中保持竞争力，赢得用户的青睐和支持，实现长期可持续发展的目标。传统媒体应抓住数字化转型的机遇，勇于变革，不断提升自身的竞争力和影响力，迎接数字化时代的挑战，开创传统媒体新的辉煌。

8.3.3 强调内容为王，拓展新技术和新应用

（1）传统媒体应注重内容创新和质量，将内容打造成独具特色的优势。通过深度挖掘热点话题、提供专业分析、推出精品节目等方式，吸引受众关注，提升传统媒体的影响力。

在当今信息爆炸的时代，传统媒体面临着前所未有的挑战和机遇。为了在激烈的竞争中脱颖而出，传统媒体应注重内容创新和质量，将内容打造成独具特色的优势。通过深度挖掘热点话题、提供专业分析、推出精品节目等方式，传统媒体可以吸引受众关注，提升自身的影响力，实现持续发展和成功。

传统媒体与新媒体的比较研究
——以突发公共事件为例

　　内容创新是传统媒体赢得用户青睐和提升影响力的关键。传统媒体应不断挖掘独特的内容资源，深入挖掘热点话题，提供独到的观点和分析，为受众呈现具有深度和广度的内容。通过对热点事件的深度报道和专业分析，传统媒体可以吸引用户的关注，树立专业形象，提升用户对传统媒体的信任和认可。

　　除了深度挖掘热点话题，传统媒体还应注重提升内容质量和创新力。传统媒体可以通过推出精品节目、打造优质栏目、引进国际优秀内容等方式，提升内容的品质和吸引力，满足用户的多样化需求。精品节目具有独特的创意和品质，可以吸引更多用户的关注和喜爱，提升传统媒体的品牌价值和影响力。

　　传统媒体还可以通过跨界合作、创新形式、多样化内容呈现等方式，打造独具特色的内容优势。传统媒体可以与艺术机构、文化机构、科研机构等合作，共同打造具有文化深度和艺术魅力的内容，吸引更多受众的关注和喜爱。传统媒体还可以创新内容形式，如音频节目、虚拟现实体验、互动直播等，为用户带来全新的体验和感受，提升传统媒体的吸引力和竞争力。

　　由此可见，传统媒体应注重内容创新和质量，将内容打造成独具特色的优势，通过深度挖掘热点话题、提供专业分析、推出精品节目等方式，吸引受众关注，提升传统媒体的影响力。只有不断创新、提升内容质量，传统媒体才能在竞争激烈的市场中脱颖而出，赢得用户的青睐和支持，实现长期可持续发展的目标。传统媒体应坚持以用户为中心，不断提升内容的品质和吸引力，满足用户多样化的需求，赢得用户的信赖和忠诚，实现传统媒体的新发展。

（2）传统媒体可以积极拓展新技术和新应用，如人工智能、虚拟现实、区块链等，结合内容创新，打造更具吸引力和互动性的产品和服务，提升用户体验。

在当今数字化时代，传统媒体面临着日益激烈的竞争和快速变化的市场环境。为了保持竞争力和满足用户需求，传统媒体应积极拓展新技术和新应用，如人工智能、虚拟现实、区块链等，结合内容创新，打造更具吸引力和互动性的产品和服务，提升用户体验。这一举措不仅可以帮助传统媒体实现数字化转型，还能为用户带来全新的内容体验和服务享受。

第一，人工智能是一项具有巨大潜力的新技术，传统媒体可以利用人工智能技术来优化内容推荐、个性化推送、智能编辑等方面。通过人工智能技术的应用，传统媒体可以更好地了解用户的喜好和需求，精准推荐符合用户兴趣的内容，提升用户体验和参与度。同时，人工智能还可以帮助传统媒体实现内容生产和编辑的智能化和自动化，提高工作效率，降低成本，实现更高质量的内容输出。

第二，虚拟现实技术为传统媒体提供了全新的内容展示和用户体验方式。传统媒体可以利用虚拟现实技术打造沉浸式的内容体验，为用户提供更加生动、互动的内容呈现方式。通过虚拟现实技术，传统媒体可以打造虚拟演播室、虚拟展览、虚拟现实节目等，吸引用户的注意力，提升用户参与度和互动性，实现内容的立体化展示和体验。

第三，区块链技术的应用也为传统媒体带来了新的机遇和挑战。区块链技术可以帮助传统媒体建立透明、安全的内容分发和版权保护机制，保障内容的原创性和权益。传统媒体可以利用区块链技术实现内容的溯源追踪、版权管理、内容交易等，提升内容的信任度和可信度，吸引更多用户的关注和支持。

综合以上分析，传统媒体可以积极拓展新技术和新应用，如人工智能、虚拟现实、区块链等，结合内容创新，打造更具吸引力和互动性的产品和服务，提升用户体验。只有不断探索创新，结合新技术应用，传统媒体才能在数字化时代中保持竞争力，赢得用户的青睐和支持，实现长期可持续发展的目标。传统媒体应以用户需求为导向，不断提升用户体验，为用户提供更加丰富、多样化的内容体验，实现传统媒体与新技术的有效融合，开创传统媒体新的发展局面。

8.3.4 跨界资源共享，孵化新产品和新服务

（1）传统媒体可以与新媒体、科技公司等跨界合作，共享资源和优势，共同孵化新产品和新服务。通过合作创新，实现技术、内容、用户等方面的优势互补，推动传统媒体与新媒体的协同发展。

在当今数字化和信息化的时代，传统媒体正面临着前所未有的挑战和机遇。为了在激烈的竞争中保持竞争力和创新能力，传统媒体可以与新媒体、科技公司等跨界合作，共享资源和优势，共同孵化新产品和新服务。通过合作创新，传统媒体可以实现技术、内容、用户等方面的优势互补，推动传统媒体与新媒体的协同发展，实现双方的共赢局面。

跨界合作是传统媒体实现转型升级和创新发展的重要路径之一。传统媒体可以与新媒体、科技公司等合作，共同探索新的商

业模式和内容形式，拓展创新领域，促进传统媒体的数字化转型和升级。通过跨界合作，传统媒体可以借助新媒体和科技公司的技术和创新能力，加速产品和服务的升级，提升用户体验和满意度，实现传统媒体的转型升级和可持续发展。

在合作创新过程中，传统媒体可以与新媒体、科技公司共享资源和优势，实现互利共赢。传统媒体拥有丰富的内容资源和用户基础，而新媒体和科技公司则具有先进的技术和创新能力，双方可以通过合作共享资源，共同孵化新产品和新服务。传统媒体可以借助新媒体和科技公司的技术优势，推出更具创新性和前瞻性的产品和服务，吸引更多用户的关注和喜爱，实现内容、技术、用户等方面的优势互补，推动传统媒体与新媒体的协同发展。

通过跨界合作，传统媒体可以实现技术、内容、用户等方面的优势互补，推动产业链的整合和升级，促进传统媒体与新媒体的融合发展。传统媒体可以借助新媒体和科技公司的创新能力和资源优势，推动传统媒体的数字化转型和创新发展，实现内容生产、传播方式、商业模式等方面的革新和提升。通过跨界合作，传统媒体可以拓展市场空间，提升竞争力，实现传统媒体与新媒体的良性互动和共同发展。

综上，传统媒体可以与新媒体、科技公司等跨界合作，共享资源和优势，共同孵化新产品和新服务。通过合作创新，传统媒体可以实现技术、内容、用户等方面的优势互补，推动传统媒体与新媒体的协同发展，实现双方的共赢局面。只有不断拓展合作领域，促进资源共享和优势互补，传统媒体才能在数字化时代中保持竞争力，实现可持续发展和创新转型的目标。传统媒体应以开放的姿态面对合作伙伴，不断探索合作机会，推动产业链的整合和升级，实现传统媒体与新媒体的有机融合和共同发展。

（2）建立开放式的合作机制，鼓励各方共同参与创新项目，共享成果和收益，实现资源共享、风险共担，推动传统媒体与新媒体之间的良性互动和合作。

在当今数字化时代，建立开放式的合作机制对于传统媒体与新媒体之间的合作至关重要。通过这种机制，各方可以共同参与创新项目，共享成果和收益，实现资源共享、风险共担，推动传统媒体与新媒体之间的良性互动和合作。这种开放式合作机制不仅有助于促进创新和提升竞争力，还能推动产业链的整合和升级，实现双方共赢的局面。

一是建立开放式的合作机制可以促进创新项目的开展和推进。通过各方共同参与创新项目，可以汇集更多的创意和资源，促进项目的多元化和全面性发展。传统媒体和新媒体在合作中可以互相借鉴、共同探讨，激发创新潜力，推动新产品和新服务的不断涌现。这种开放式的合作机制有助于打破传统媒体和新媒体之间的壁垒，促进跨界合作，实现创新资源的最大化利用。

二是开放式的合作机制可以实现成果和收益的共享，激励各方更加积极地参与合作。通过共享成果和收益，可以增强各方的合作动力，促进合作项目的顺利推进和成功实施。传统媒体和新媒体之间可以共同分享项目的成功成果，共同承担项目的风险和责任，建立起合作共赢的伙伴关系。这种共享机制有助于增强合作的信任和协作效率，推动合作项目的良性发展。

三是建立开放式的合作机制还有助于实现资源共享和风险共

担，提升合作的效率和成果。传统媒体和新媒体可以共享各自的资源和优势，互相补充，实现资源的最优配置和利用。在合作过程中，各方可以共同承担风险和挑战，共同应对市场的变化和竞争的挑战，提升合作的稳定性和可持续性。通过资源共享和风险共担，传统媒体和新媒体可以共同应对行业变革和挑战，实现合作的双赢局面。

因此，建立开放式的合作机制对于传统媒体与新媒体之间的合作具有重要意义。通过这种机制，各方可以共同参与创新项目，共享成果和收益，实现资源共享、风险共担，推动传统媒体与新媒体之间的良性互动和合作。只有建立开放、包容的合作机制，传统媒体和新媒体才能充分发挥各自优势，实现合作共赢，推动产业的创新和发展。传统媒体和新媒体应以开放的心态面对合作，共同探索合作机会，推动行业的协同发展，实现可持续发展和创新转型的目标。

通过以上对策，传统媒体可以在与新媒体的协同中发挥更大的效应。通过资源整合和优势互补，传统媒体能够充分利用新媒体的技术和创新能力，实现内容生产和传播方式的升级，提升用户体验和满意度。这种协同合作不仅可以提升市场竞争力，还能推动创新能力的提升，适应数字化时代的发展趋势。

传统媒体与新媒体的协同合作有助于传统媒体加速数字化转型，拓展业务边界，开拓新的增长点。借助新媒体的技术和平台优势，传统媒体可以实现内容的多元化呈现，提升内容质量和创新度，吸引更多受众和用户群体。通过协同合作，传统媒体可以更好地适应用户需求的变化，提供更具吸引力和竞争力的产品和服务，实现市场份额的增长和品牌影响力的提升。

　　在数字化时代，传统媒体需要不断创新，与新媒体合作可以带来新的思路和机遇。传统媒体可以借助新媒体的数据分析和智能技术，实现精准营销和个性化推荐，提升用户黏性和留存率。通过与新媒体的协同合作，传统媒体可以加速创新产品的推出和商业模式的探索，实现业务的多元化发展和盈利能力的提升。这种协同合作可以为传统媒体在数字化时代的发展奠定坚实基础，推动行业的可持续发展和长期竞争力的提升。

　　综上，通过与新媒体的协同合作，传统媒体可以实现资源整合、优势互补，提升市场竞争力和创新能力，适应数字化时代的发展趋势。这种合作不仅可以促进传统媒体的转型升级，还能推动行业的创新发展，为传统媒体在数字化时代的可持续发展奠定坚实基础。传统媒体应以开放的心态拥抱合作机会，不断探索创新路径，实现与新媒体的共同发展和繁荣。

8.4 新媒体时代对外传播的成功案例剖析

　　习近平总书记指出，讲好中国故事，传播好中国声音，展示真实、全面、立体的中国，是加强我国国际传播能力建设的重要任务。不管是传统媒体还是新媒体都要抓住每一个塑造良好国家形象的机会，提升国家的软实力，可以从下面两个具体案例中积累一些经验。

8.4.1 云南象群迁徙系列报道（2021 年）

2021 年 4 月，一群来自西双版纳的 15 头亚洲象，在近长达半年的北迁过程中，受到了国内外亿万人的关注，此次云南野象群集体北迁并返回事件被形象地称为一路"象"北，入选 2021 视听新媒体领域十大新闻、2021—2022 年度中华文化国际传播十大案例。

在国内，各地政府对大象的迁徙做了很多防护工作，为缓解"人象冲突"，政府部门采取了为大象建"食堂"、为村民修建防象围栏、开展监测预警等措施，同时引入社会力量致力于让村民在保护中受益，让社区参与保护，推动保护监测、栖息地修复；云南省还专门成立亚洲象群北迁安全防范工作领导小组，并派工作组抵达现场指导当地开展监测预警、安全防范、宣传引导等工作，全力防范象群持续北迁带来的公共安全隐患。不仅国内媒体竞相采访，也吸引了外媒的报道。

日本媒体纷纷派出记者一路追随象群，介绍起了当地概况和动物保护措施。朝日电视台在热门节目中用了近 30 分钟对此事进行专题报道。意大利媒体广泛关注此次迁徙，经济类报纸《24 小时太阳报》也在其网站发布了十几段视频。意媒报道内容主要集中在介绍象群迁徙路线、分析象群迁徙原因、展现小象可爱形象等方面，同时也肯定了中国政府此次调动大量人力物力对象群进行保护，尽量减少象群迁徙给沿途城市和村镇带来的不便，并承诺补偿民众损失的积极举措。此外，奥地利《信使报》，德国《南德意志报》《柏林日报》《时代》《明镜》《明星》等也都在其网站进行了报道并配发视频。

在本次象群传播中，新华社等主流媒体利用融媒体平台对传播方式、传播角度以及传播内容等方面进行了创新，展现了中国追求人与自然和谐相处的国家形象。主要具有如下特点：

（1）对内传播与对外传播联动

在国内，充分利用现有资源，如：新华社官方微信公众号、官方微博、官方抖音、官方B站以及新闻客户端等，注重发挥这些不同渠道的优势，打造风格各异的新闻产品，微信上多以图文的形式进行传播，B站上只选择视频内容，而且会配上"吃我一jio"等带有网络流行语式的文字内容。

在国外，呈现"借船出海"的特点。新华社充分利用海外社交媒体YouTube传播象群迁徙的经过，30余条视频作品类型多样，长短不一；利用新华社客户端发布象群迁徙相关视频，如《全球连线丨野象群进昆明 当地严防保人象安全》，及时向海内外的网友传递象群迁徙信息。

（2）创新传播方式和内容

传播方式上，新华社在象群迁徙的过程中，利用无人机技术和红外线等技术对象群的迁移过程进行了网络直播，观众可直接通过客户端或社交媒体官方账号直接观看象群迁徙过程，在直播间同步完成受众群之间的互动。而且新华社改变风格，收编民间话语，创新新闻语态，无论是从题目的设定上还是从文章内容的文风上，都贴近受众，体现浓浓人情味。

传播内容上，主动设置议题，积极回应社会关注的问题，如大象为什么会迁徙，这群象迁徙的行程如何等，《新闻1+1》连线中国野生动物保护协会教授级高级工程师严旬，共同关注"野象旅行团"；新华社新媒体报道《关注亚洲象群北迁：为何北迁？如何应对？会继续吗？》。通过一手资料和独家的图片视频，主动参与到议程设置中，由海外媒体"他塑"转换为"自塑"国家形象。 而且通过在新华网报道《大象奇游记——云南亚洲象群北移南归纪实》，表面上展现了我国云南的山水景色，但是隐含展现了"生物多样性"以及中国人追求的"人与自然和谐相处"的处事之道，润物细无声地达到了传播的效果。

（3）展现良好传播效果

无论是纪录片《"出走"的象群》还是新华网《新华全媒＋丨我在现场·照片背后的故事丨人在"象"途：我看到全民护象的中国故事》，以及 CCTV-9 频道播出的 8 集纪实系列片《同象行》等众多新闻作品，真实、客观、全面地将新闻事件的细节和经过一一展现，故事面貌不同但最终呈现的都是"人与自然和谐相处"的世界景愿。"以小见大"，并未直接铺天盖地地宣传中国对自然生态的保护的决定等理念，而是将中国人对待野生动物的态度、中国政府协调人与自然和谐共生的做法，融入到每一个视频、每一篇文章中，让新闻内容呈现出人情味和故事性的特点，国家形象塑造"此时无声胜有声"，也吸引了 BBC（英国广播公司）、CNN（美国有线电视新闻网）、NBC（美国全国广播公司）等多家外媒的转发和报道。

8.4.2 北京冬季奥运会报道（2022 年）

北京冬奥会的报道充分利用了"互联网优势"，打造了全媒体传播矩阵，媒体传播形态不断创新，满足了受众多元需求。

一是主流媒体加强舆论引导。

　　主流媒体在叙事话语表达上掌握了主动权、主导权，提高了舆论引导力。在北京冬奥会开幕式之前，多家主流媒体就在网络平台设置相关话题，如＃北京冬奥会金牌赛事指南＃、＃和北京冬奥一起向未来＃等来吸引受众的注意力，增加热度。此外，主流媒体注重展现北京冬奥会举办盛况和各方盛赞，《向世界呈现一届简约、安全、精彩的奥运盛会——北京冬奥会筹办工作全景回顾》《从这幅冰雪画卷里，读懂中国》《我们向世界兑现了承诺》等重点报道，均在头版等重要版面刊发；注重弘扬爱国精神与文化认同感，传播奥运精神，如《文化　共享　传承——中国传统冰雪运动的人文价值与文化互融》；通过典型人物报道塑造正能量形象，如《谷爱凌：热爱让梦想成真》《赛季最高分：金博洋战胜了金博洋》《老将不老，只因拼搏者永远年轻》等，用他们的拼搏和努力来激励年轻一代人；多家媒体报道在赛场上未能夺得奖牌运动员，体现人文关怀，如《专访朱易：一位认真、诚恳，努力追逐梦想的 19 岁女孩》《无缘奖牌，同样精彩》，把握正确舆论导向。

　　中央广播电视总台对赛事进行了全程 4K 直播，发挥全媒体平台的优势，大小屏融合联动，央视频、央视新闻、央视体育等新媒体平台和央视总台 14 个电视频道及 17 套广播频率，对赛事的各个细节进行精准捕捉，满足受众多层次需求。此外，总台还推出了《冬奥一点通》《北京日记》《C 位看东奥》等一系列融媒体产品。新华网专门制作专题网页"北京冬奥会　一起向未来"（网址：http://www.xinhuanet.com/beijing2022/）。冬奥会结束后，中国新闻网、人民日报等又以不同的视角复盘冬奥会，揭露冬奥会背后的故事，盘点冬奥会的精彩瞬间。

二是充分发挥新媒体优势。

根据《北京冬奥会国内舆情分析报告》分析，社交网络是北京冬奥会传播的第一大平台，占比高达 82%；App 以及新闻平台占比 13%，微信、视频分别占比 1%。

新京报记者马骏以 vlog 的形式记录了从进入闭环开始的二十多条短视频，将闭环内的日常生活展现在网友的面前。中国移动咪咕视频在直播基础上配以专业解说，吸引大量网友观看；咪咕出品了《外国人侃冬奥》，以独特、多元的视角面向世界生动地讲述了中国发展的故事，也更好地向国内外观众展示了真实、立体、全面的中国。荷兰速滑选手尤塔·莱尔丹在社交平台发布的《冬奥村之旅》vlog，吸引了众多网友的注意力，获得了 20多万的点赞量。美国运动员运动员阿伦·布隆克，也在社交平台上为中国发声，他在视频中提到，他亲眼见到了北京什么样子，跟美国国内那些媒体报道的一点都不一样，中国真是太棒了，实际上，中国现在的一切都很了不起！他感慨："之前看到一些不负责任的报道都是假的，从每一声问候、每一次协助中，人们看到了最真实、最友善的中国。"这些都很好地改变了西方民众对中国的刻板印象。

参考文献

著 作

[1] 胡靖宇. 大数据时代背景下媒体融合研究 [M]. 北京：中国农业大学出版社，2020.

[2] 王治莹. 突发公共事件情境下舆情成长及其决策问题研究 [M]. 北京：经济管理出版社，2018.

[3] 施华. 新媒体概论 [M]. 沈阳：东北大学出版社，2016.

[4] 李彦冰. 政治的微传播研究 [M]. 北京：中国传媒大学出版社，2017.

[5] 严利华. 面向非常规突发事件的网络舆情应急联动研究 [M]. 武汉：武汉大学出版社，2018.

[6] 徐雅卿，李慧，李琳，等. 电子商务导论 [M]. 西安：西安电子科技大学出版社，2017.

[7] 刘海龙. 解析中国新闻传播学 [M]. 北京：中国人民大学出版社，2021.

[8] 张生太，王鑫. 互联网思维 [M]. 北京：中央广播电视大学出版社，2016.

[9] 王家林. 现代智能信息处理及应用 [M]. 长春：吉林出版集团股份有限公司，2020.

[10] 武丹，钟琦. 融媒体科技传播实践研究 [M]. 合肥：中国科学技术大学出版社，2022.

[11] 王旋，蔡葵. 网络营销理论与实务 [M]. 南京：南京大学出版社，2017.

[12] 杨吉，张解放. 在线革命：网络空间的权利表达与正义实现 [M]. 北京：

清华大学出版社,2013.

[13] 郭勤贵.互联网新商业模式 传统商业模式颠覆与重构 [M].北京：机械工业出版社,2016.

[14] 党东耀.传媒经济研究：发展与未来 [M].上海：复旦大学出版社,2016.

[15] 罗昕.突发公共事件网络舆情的传播与治理 [M].广州：暨南大学出版社,2020.

[16] 李辽宁.中国价值观的国际传播研究 [M].成都：四川大学出版社,2022.

[17] 秦祖智.媒体融合路径研究：以中国报业为例 [M].北京：经济科学出版社，2020.

期刊论文及相关文章著作

[1] 白红义，曹诗语，陈斌.2020 年虚假新闻研究报告 [J].新闻记者，2021(1)：23—27.

[2] 魏玉山.2014—2016 中国媒体融合创新报告 [J].传媒，2016（17）：9-13.

[3] 张莹.从习近平同志讲话看新型主流媒体人素质培养 [J].黑河学刊，2015（2）：34-35.

[4] 李振汕.基于 P2P 流媒体技术的远程教育系统的设计 [J].中国教育技术装备，2011（6）：94-96.

[5] 陈思，王小宇.突发公共事件中的舆情传播研究：以自然灾害的突发事件舆论为例 [J].皖西学院学报，2023（6）：55-61.

[6] 张琳舒.探析社会化媒体与电子商务的有机融合之路 [J].中国科技博览，2015（19）：187-188.

[7] 程杉. 共融共通共同发展: 社交媒体主播和播音主持艺术的互鉴研究 [J]. 声屏世界, 2021（22）: 33–35.

[8] 严伟. 突发事件报道中传统媒体和新媒体融合研究 [J]. 科技传播, 2016（18）: 58.

[9] 张思源. 媒介融合背景下广播电视主持人话语权反思 [J]. 探索科学（学术版）, 2020（4）: 199–200.

[10] 连薏珂. 新媒体与传统媒体疫情防控报道分析研究 [J]. 新闻前哨, 2021（1）: 84–85.

[11] 蔡艳桃. 《移动终端软件开发》课程改革: 来自企业实践和竞赛的几点思考 [J]. 科技创新导报, 2021（2）: 173–176.

[12] 赵文涓. 融媒体时代财经媒体的发展路径 [J]. 环球首映, 2021（3）: 165–166.

[13] 史薛伟. 全媒体时代背景下新媒体与高校党建的有效结合研究 [J]. 时代报告（学术版）, 2019（7）: 44–45.

[14] 中共中央政治局就全媒体时代和媒体融合发展举行第十二次集体学习 [J]. 中国记者, 2019（2）: 7.

[15] 汤晨雅. 全媒体语境下新闻传播特征分析: 基于新冠肺炎疫情报道的研究 [J]. 传媒论坛, 2020（19）: 52–53.

[16] 中国互联网络信息中心. 第52次《中国互联网络发展状况统计报告》发布及专家解读 [J]. 互联网天地, 2023（9）: 11–15.

[17] 钟开斌. 突发事件概念的来源与演变: 基于对《人民日报》、党的中央全会报告、国务院政府工作报告的分析 [J]. 上海行政学院学报, 2012（5）: 26–35.

[18] 雷蕾, 董伟. 传统媒体与新媒体融合发展研究 [J]. 西部广播电视, 2022（22）: 98–100.

[19] 李金旭. 论突发公共事件的舆情属性与引导进路：基于新型冠状病毒肺炎疫情的考察 [J]. 前沿，2020（4）：36-42.

[20] 陈杰，李逸. "泛标签化"新闻产生的原因、危害及其治理 [J]. 今传媒，2019（7）：63-65.

[21] 侯耀升. 突发事件信息报送工作需注意把握的几个问题 [J]. 中国应急管理，2011（8）：36-38.

[22] 陈晨曦，季芳. 弘扬冬奥正能量 作出报道"精气神"：人民日报北京冬奥会报道评析 [J]. 传媒，2022（6）：9-11.

[23] 郭锐强. 电视新闻编辑的跨媒体合作与创新发展 [J]. 记者摇篮，2024（2）：135-137.

[24] 黄庆畅，金歆. 从网络大国阔步迈向网络强国：党的十八大以来我国网信工作成就综述 [N]. 人民日报，2023-07-15（1）.

[25] 张瑜烨，叶哲佑. 都市圈突发公共事件传播的影响因子研究：基于21个案例的定性比较分析 [J]. 当代传播，2023（2）：69-76.

[26] 陈青梅. 社交类自媒体运营现状及趋势分析 [J]. 财讯，2020（5）：146-147.

[27] 何志平，李明菲. 媒体融合发展进程中的误区与对策：以湖北省为例 [J]. 理论月刊，2017（10）：66-69.

[28] 张彦. 网络直播为传统文化注入新活力 [J]. 文化产业，2024（9）：25-27.

[29] 石磊. 突发公共事件舆论引导策略：以"5·12"汶川特大地震应急新闻报道为例 [J]. 四川师范大学学报（社会科学版），2011（3）：47-51.

[30] 褚晓潇. 突发公共事件应急管理相关概念的研究综述 [J]. 学习月刊，2010（12）：111-112.

[31] 马赛，焦授松，王怀成. "象群正在成为国际明星" [N]. 光明日报，2021-06-23（12）.

后 记

　　在新媒体的冲击下，人们获取信息的方式和途径发生了改变，从传统的信息获取方式开始向网络平台和智能终端转移，传统媒体的发展如逆水行舟。特别是在突发公共事件的报道中，突发公共事件作为危机事件的重要组成部分，具有突发性、复杂性、破坏性、社会性、不确定性等特点，它的产生发展能快速形成社会热点并引起社会公众的高度关注，是新闻传播报道重点关注并高度重视的题材，一旦处理不好，会造成网络舆情等严重后果。在此背景下，传统媒体与新媒体融合互动，形成良性发展模式，是社会发展的必然产物，两者的融合能实现资源的优化配置、增强传播的效果、促进媒体事业和谐发展。

　　本书从传统媒体和新媒体的概念和特点入手，以突发公共事件为例，分析各自的优劣势，并提出了解决对策，同时列举新媒体时代对外传播的两个成功案例——云南象群迁徙系列报道和北京冬季奥运会报道，旨在促进二者优势互补、良性发展，实现传媒行业的可持续发展。

　　总之，传统媒体与新媒体要寻求合作，各取所长，传统媒体可充分利用新媒体的优势，寻找有价值的新闻线索，新媒体也可以利用传统媒体的权威性对信息进行深加工，创设一个互动交流的平台，形成有效的融合互动传播机制，多角度全方位立体化报道，正确引导舆论导向，从而为讲好中国故事，提升国家形象做出媒体人应有的贡献。

今天得以将文稿付梓，是诸多学者、老师、同事们指导帮助的结果，在这里深表感谢。诸多学者的成果为本研究提供了丰富的理论资源和文献支持，您们的指引犹如巨人的肩膀，使我站得更高，看得更远。求学路上的各位老师，学养深厚、学识渊博，教我求真；悉心以教、指点迷津，教我成才；品格高尚、志诚仁爱，教我立德；您们不仅在学业上对我传道、授业、解惑，更在为人处事上潜移默化地影响着我，让我受益终生。感谢华北科技学院的同事们给予我的宽容和支持。同时要特别感谢哈尔滨出版社给予拙作面世的机会，感谢在出版过程中各位编辑等所有工作人员付出的辛勤劳动。

收笔之际，其实有些惶恐。传媒的发展日新月异，各种新媒介、新模式更新迭代速度之快超乎常态，因此，本书的一些观点、结论有待在传媒发展历史变迁的场景中不断完善、修正、提升。

刘冬梅
2024 年 6 月于河北燕郊